DE

LA POLITIQUE

ET

DU COMMERCE

DES PEUPLES DE L'ANTIQUITE;

Par A.-H.-L. HEEREN,

PROFESSEUR D'HISTOIRE A L'UNIVERSITÉ DE GOETTINGUE, MEMBRE
ASSOCIÉ DE L'INSTITUT DE FRANCE (ACADÉMIE DES INSCRIPTIONS
ET BELLES-LETTRES), ETC., ETC.

TRADUIT DE L'ALLEMAND

SUR LA QUATRIÈME ET DERNIÈRE ÉDITION,

Enrichie de Cartes, de Plans et de Notes inédites de l'Auteur,

Par W. SUCKAU.

Tome cinquième.

PARIS,

LIBRAIRIE DE FIRMIN DIDOT FRÈRES,

RUE JACOB, N° 24.

1833.

DE LA POLITIQUE

ET

DU COMMERCE

DES PEUPLES DE L'ANTIQUITÉ.

IMPRIMERIE DE FIRMIN DIDOT FRÈRES,
RUE JACOB, N° 24.

LETTRE

DE L'AUTEUR A L'ÉDITEUR.

Monsieur,

Conformément à vos désirs, je m'empresse de vous annoncer que je compte sous peu donner la suite de mon ouvrage. Les premiers volumes qui ont paru en France témoignent de tous les soins que vous avez apportés à cette publication : permettez-moi de vous en exprimer ma reconnaissance ; vous avez par-là réalisé le plus cher de mes vœux. Je le dis avec plaisir, le résultat de vos efforts a surpassé mes espérances. Vous avez été secondé dans cette entreprise par un homme qui, à la parfaite connaissance des deux langues, joignait un vif amour de la science, et qui se sentait comme moi pénétré du sujet qu'il a si fidèlement reproduit !

Quant au plan de mon ouvrage que j'ai déja exposé ailleurs [1], je ne m'en suis pas écarté un seul instant. En déroulant sous les yeux de mes lecteurs le tableau des anciens peuples re-nommés par leur politique et leur commerce, j'ai choisi pour point de départ le siècle qui précède et qui suit la fondation de l'empire perse, et qui tombe entre le sixième et le cin-quième avant notre ère.

Les trois premiers volumes ont été consa-crés aux principaux peuples de l'Asie, tels que les Perses, les Phéniciens, les Babyloniens, les Scythes et les Indiens.

Vous avez adopté la même division pour les peuples de l'Afrique, les Carthaginois, les Éthiopiens et les Égyptiens, qui dans mon ou-vrage avaient trouvé place en deux volumes.

Quant à l'Europe, la période antérieure et

---

(1) Nous avons changé la division adoptée par l'auteur, parce que M. Heeren, comme nous l'avons fait remarquer dans la préface du quatrième volume, a eu la bonté de nous communiquer depuis plusieurs traités inédits fort curieux sur l'Asie et l'Afrique.

(*Note de l'Éditeur.*)

contemporaine à la monarchie perse (où il n'est pas encore beaucoup question de Rome) n'appelle notre attention que sur les Grecs établis le long des côtes alors connues de notre continent. Je les ai déja fait connaître dans un premier volume qui est entre les mains du public, sous le rapport politique; il me reste encore à les présenter dans un autre volume comme peuple commerçant.

J'aurais ainsi rempli le plan que je me suis tracé; mais toutefois, si mon âge avancé me le permet, je pourrais bien indiquer, dans un dernier volume, les changements opérés durant l'époque macédonico-romaine. Ce travail sera d'autant plus facile à exécuter, que les bases en sont déja jetées dans nos précédentes recherches, et que je n'ai nullement l'idée d'écrire l'histoire complète de cette époque.

En attendant que je puisse mettre fin à ce projet de toute ma vie, je vous envoie mon traité sur le commerce de Palmyre, qui servira encore à vous prouver que ces études m'occupent sans cesse.

Si la première partie qui traite de l'Asie, a été accueillie en France avec quelque intérêt, combien plus ai-je droit de l'espérer de celle qui concerne l'Afrique, aujourd'hui que la prise d'Alger présage aux Français la possession paisible d'une colonie qui, régénérée, peut porter les mêmes fruits que Carthage porta jadis, au témoignage d'un de ses plus anciens écrivains, Magon, à la fois général et économe [1].

Quant à l'Égypte et à l'Éthiopie, les sciences en doivent la conquête à la France : aussi mes faibles efforts ne tendent-ils qu'à lui payer le tribut qui lui appartient de droit.

Agréez, je vous prie, Monsieur, l'assurance de ma plus haute considération.

HEEREN.

Göttingue, ce 16 mars 1833.

---

[1] Volume IV, appendice VII de cet ouvrage.

AFRIQUE.

DEUXIÈME SECTION.

TABLE DES MATIÈRES

DU CINQUIÈME VOLUME.

FIN DE LA TABLE DES MATIÈRES DU CINQUIÈME VOLUME.

DE LA POLITIQUE

ET

DU COMMERCE

DES PEUPLES DE L'ANTIQUITÉ.

DEUXIÈME SECTION.

ETHIOPIENS.

CHAPITRE PREMIER.

APERÇU GÉOGRAPHIQUE DES PEUPLES ÉTHIOPIENS.

« L'ÉTHIOPIE, qu'on peut regarder comme l'extrémité de la terre habitable du côté du Couchant, produit des hommes qui surpassent tous

les autres par l'élévation de leur taille, la beauté
de leur forme et la durée de leur vie (1). »

Tant que nous n'aurons pas de notions plus
exactes et plus complètes des peuples placés au
fond de l'Afrique, il y aura nécessairement beaucoup de lacunes dans la connaissance des races
humaines. A mesure que ces lacunes se rempli-
ront ; nous les apprécierons à leur juste valeur.
Ceci s'applique aussi bien à l'état physique qu'à
l'état moral du genre humain.

L'Afrique, par sa situation, est sujette à la
plus grande variété physique de ses habitants :
ne peut-on pas en conclure que les différences
morales sont pour le moins aussi nombreuses?

Pour celui qui se propose de rechercher quelle
influence le climat exerce sur la nature, et principalement sur la forme extérieure de l'homme,
ce continent offre une foule d'observations où
se touchent presque les extrêmes de la création
humaine.

Ni l'Asie ni l'Europe ne renferment des pays
allant jusqu'à l'équateur ; en Amérique les in-
fluences du climat sont, ou affaiblies par diffé-

---

(1) HÉRODOTE, III, 114.

rentes causes (1); ou bien la politique des Européens, depuis la découverte du Nouveau-
Monde, s'est tellement attachée à exterminer et
à corrompre les peuples indigènes, que l'observateur se trouve privé des sujets d'étude les plus
féconds.

L'Australasie et les îles nouvellement découvertes de la mer Pacifique forment une chaîne
dont les anneaux se brisent à tout moment.

L'Afrique à elle seule présente un ensemble
d'une étendue immense : elle commence sous
la zone septentrionale tempérée, passe presque
dans la même étendue au-dessous de la ligne, et
vient aboutir à la zone tempérée de l'hémisphère
méridional ; elle est partout comme parsemée
de peuples, lesquels, semblables aux différentes
espèces de blé, abandonnées aux soins bienfai-
sants de la nature, poussent sous différentes
formes et se développent en mûrissant.

Les habitants de la côte septentrionale diffèrent encore peu des Européens quant à la couleur et à la figure. Plus on approche de l'équateur, plus cette différence devient sensible. La
couleur est plus foncée ; les cheveux deviennent

____

(1) Zimmermann, *Geographische Geschichte des Menschen*
(Histoire géographique de l'homme). T. I, p. 78.

plus cotonneux; le profil montre des variétés surprenantes; enfin l'homme se change tout-à-fait en Nègre:

Au-delà de l'équateur, cette forme semble se perdre dans autant de modifications.-Les Cafres et les Hottentots tiennent encore beaucoup du Nègre, sans appartenir entièrement à cette race (1).

Toutes ces variétés de la figure humaine se déroulent dans des nuances infinies, entre le blanc et le noir, sur la scène de ce vaste continent.

Combien ce chapitre de l'histoire naturelle ne gagnera-t-il pas d'intérêt, quand un jour des dessins, des descriptions de voyageurs habiles nous auront mis à même d'examiner et de juger toutes ces variétés, dont nous n'avons encore guère que des notions générales.

L'art ethnographique s'enrichira probablement encore bien plus à cette même source sous le rapport de la morale et de la psychologie. Nous ignorons ce que l'homme est sous ce ciel, et ce qu'il peut y devenir : car sur quoi nous baserions-nous? Ce ne sera certainement pas

____

(1) BLUMENBACH, *Beiträge zur Naturgeschichte* (Pièces relatives à l'Histoire naturelle), I, p. 56.

sur ces malheureux qui, arrachés à leur sol na-
tal, à leurs amis et à toutes les affections auxquelles s'attache aussi le cœur du Nègre, gémis-
sent au-delà de l'Océan sous le joug tyrannique de
l'Européen, joug dont le fléau étoufferait bientôt
tout germe intellectuel qui, malgré toutes les
entraves, viendrait à se faire jour? Ou bien nous
appuierons-nous sur les récits des voyageurs?

Il faut avouer que dans ces dernières années
notre horizon s'est agrandi dans ce continent,
et que l'on y a pénétré plus avant du Nord, de
l'Ouest et du Sud (1). Cependant les voyageurs
qui se sont le plus avancés dans le cœur du pays,
ne sont pas encore arrivés à un de ces grands
états où la civilisation ait atteint déja un haut
degré; ou s'ils en ont découvert quelqu'un, il
nous en manque des données exactes.

____

(1) Denham et Clapperton se sont avancés de la côte
septentrionale jusqu'au 10° de latitude Nord ; au Sud, à
partir du Cap, on est parvenu par les missions jusque dans
le voisinage du tropique méridional, dans le pays des Bits-
chuanos, où l'invasion d'un peuple puissant, nomade du
cœur de l'Afrique, les Mantatis, opérée en 1823, mettra
probablement pour quelque temps un terme à d'autres découvertes. Voyez-en les détails dans le *South African Journal, n° 1, januar.,* 1824, p. 76. On sait par les journaux
que la guerre avec les Aschantis a empéché de pousser les
investigations plus loin du côté de l'Ouest.

Mais ce que nous savons par Leo, ou par les relations de Mungo-Park et de ses successeurs, doit exciter avec raison l'attention de l'observateur, quoique cela ne puisse le satisfaire. D'où vient cette culture brillante sur les rives du Joliba près de Seego? La grande question de la naissance et du premier développement des états semble ici pouvoir être résolue historiquement. Dans ces contrées la religion, la législation, le droit des gens se montrent encore au berceau, mais déja sous les formes les plus diverses, et font sentir toute leur influence sur l'homme encore peu civilisé (1).

Les causes qui, dans les autres continents, ont accéléré la marche de la civilisation, ou qui l'ont arrêtée soudainement, telles que des migrations de peuples, de grandes conquêtes de nations éclairées ou barbares, des systèmes religieux, semblent avoir exercé une bien moindre influence sur l'intérieur de l'Afrique.

La propagation de l'islamisme, qui pénétra jusque dans les états circonvoisins du Niger, fut peut-être la seule impulsion étrangère donnée à

---

(1) Si l'on veut connaître l'origine des républiques, ou si l'on veut voir naître des mystères et des tribunaux secrets, il est bon de lire ce que Golberry rapporte de l'institution du Purrah chez les Fullas.

ces peuples. Abandonnés à leurs propres forces,
tout suit chez eux la marche plus lente mais
plus sûre de la nature !

Après les Égyptiens, sans contredit ce sont les
Éthiopiens qui en Afrique méritent le plus d'attention. Depuis les temps les plus reculés jusqu'à nos jours, c'est une des nations les plus cé-
lèbres, mais aussi des plus énigmatiques, dont
le nom brille déja dans les premières traditions
des peuples civilisés.

Les annales des prêtres égyptiens en étaient
remplies ; les peuplades de l'Asie intérieure, sur
l'Euphrate et le Tigre, entremêlaient les récits
des conquêtes et des expéditions de leurs héros
et héroïnes de fictions éthiopiennes ; et, à une
époque non moins reculée, on les voit briller
dans la mythologie grecque. A peine les Hellènes connaissaient-ils l'Italie et la Sicile de nom,
que leurs poètes chantaient déja les Éthiopiens.
Ceux-ci, placés à l'extrémité du monde habité,
sont les plus justes des hommes et aimés des
immortels. La famille de l'Olympe vient les visiter, prend part à leurs fêtes, et accueille leurs
sacrifices avec la plus grande faveur (1). Et lorsqu'à la lueur incertaine des traditions et des fic-

____

(1) Voyez les passages où Homère parle des Éthiopiens ;
comme *Odyssée*, I, v. 23, etc.

tions poétiques succéda la lumière plus brillante de l'histoire, l'éclat des Éthiopiens n'en souffrit pas : ils demeurèrent toujours l'objet de la curiosité et de l'admiration, et la voix de quelques historiens éclairés leur attribua plus d'une fois l'honneur de la première civilisation et d'une intelligence supérieure.

D'où vient cette gloire précoce d'un des peuples les plus reculés ? Comment leur nom a-t-il pu franchir les déserts redoutables qui environnent ce pays, et qui jusqu'à nos jours nous en ont interdit l'entrée ? Toutes ces narrations ne seraient-elles que l'ouvrage de l'imagination ? Quiconque connaît un peu la nature des premières traditions ne pourra soutenir cette opinion. Mais si, au contraire, elles étaient fondées sur des faits réels, alors ces questions deviennent d'une haute importance pour l'histoire ancienne, et réclament d'autant plus notre attention que personne, à ma connaissance, ne les a résolues d'une manière satisfaisante.

Une foule de peuples les plus divers et les plus éloignés l'un de l'autre sont désignés par le nom d'Éthiopiens. On partirait d'un faux principe si l'on entendait par ce nom un seul peuple, ou bien une seule souche. Anciennement l'étude de l'anthropologie physique semble avoir été très-négligée. On distinguait les nations par les différences les plus frappantes pour la taille et la couleur ; et c'est ainsi que la dénomination d'Éthiopiens fut assignée indistinctement à tous les peuples qui, par leur couleur foncée ou même entièrement noire, contrastaient avec les Européens.

On ne doit donc pas s'étonner de trouver des peuples éthiopiens disséminés sur une grande partie de l'ancien monde. L'Afrique en contient, à la vérité, le plus grand nombre, mais ils n'étaient ni bornés à ce continent, ni ne le remplissaient à eux tout seuls.

Un district considérable de l'Asie était habité par des Éthiopiens, et, ainsi que l'Inde, comprenait souvent l'Afrique Sud ; l'Éthiopie embrassait parfois l'Inde méridionale. Il importe beaucoup, dans toute cette recherche, de connaître un peu plus exactement l'étendue et la variété des demeures de ces peuples. Nous n'avons guère besoin de rappeler que, parmi les anciens auteurs, les principaux historiens et géographes seuls peuvent ici avoir une voix décisive, notre intention n'étant pas de dresser une liste exacte de ces différentes populations, mais d'en donner un aperçu géographique.

Les auteurs distinguent presque tous en Afrique deux grandes nations indigènes, les Libyens et les Éthiopiens. Hérodote (1) dit : « Nous ne connaissons en Afrique que quatre grandes nations d'où dérivent tous ses habitants; deux sont indigènes, et deux étrangères. Les deux indigènes sont les Libyens et les Éthiopiens, les uns au Nord et les autres au Midi ; les deux nations étrangères sont les Phéniciens et les Grecs. »

On trouve cette distinction confirmée par les écrivains postérieurs, quoiqu'ils ne soient pas toujours très-exacts dans l'emploi des noms ; et lors même qu'on n'attache pas à cette distinction une véritable différence de tribus, il en résulte néanmoins que les habitants des parties septentrionale et méridionale du Nord de l'Afrique différaient tellement entre eux qu'on les considérait comme appartenant à une autre race.

Sous le nom de Libyens, Hérodote et les autres auteurs grecs comprennent donc, à l'exception des Carthaginois et des Grecs, tous les peuples de l'Afrique septentrionale qu'ils connaissaient (2), et dont les différentes tribus, jus-

____

(1) Hérodote, IV, 197.

(2) Il est certain que les Égyptiens n'entrent pas dans cette classification; car leur pays n'était pas d'ordinaire rangé dans le territoire de la Libye. Il en est de même des tribus arabes, lesquelles s'étaient déja répandues de temps immémorial sur les côtes orientales de l'Afrique et de l'Éthiopie.

qu'à la petite Syrte, ont été décrites par le père de l'histoire (1). Les peuples nomades placés à l'Ouest de l'Afrique Nord qui, dans les écrivains postérieurs, sortent de l'obscurité (2), étaient également compris sous cette dénomination. La première question importante qui se présente est donc de savoir quels sont ces peuples, et en existe-t-il encore des débris?

Depuis les invasions des Arabes, l'Afrique septentrionale s'est tellement changée par rapport à ses habitants, que cette question devient difficile à résoudre. Ces conquérants, habitant en partie des villes, mais menant la plupart une vie pastorale, se sont répandus dans l'Afrique septentrionale, où ils sont désignés actuellement sous le nom de Maures (3).

Leurs tribus descendent le long des rivages de la Méditerranée jusque dans le voisinage du Sénégal et du Joliba, et sont renommées par leur férocité et leur fanatisme religieux. Cependant

---

(1) Voyez p. 35, 39, du quatrième volume de cet ouvrage.

(2) *Ibid.*, p. 290.

(3) On sait combien on abuse de ce nom, affecté souvent à tort à tous les habitants de l'Afrique septentrionale par opposition aux Nègres. Mais en parlant plus exactement, ce nom ne désigne que les tribus arabes de la côte septentrionale jusqu'à Sahara, qu'on reconnaît de suite à leur langage.

on savait depuis long-temps qu'ils n'occupaient
pas à eux seuls ces vastes contrées. Déjà quelques
voyageurs (1) avaient établi des distinctions entre ces peuples et les peuplades connues sous le
nom de *Berbers*, répandues dans les provinces
méridionales de la Barbarie et de Maroc, surtout
dans les montagnes de l'Atlas, où les avaient déja
refoulées les Vandales avant les Arabes (2).

Mais les dernières découvertes en Afrique ont
aussi répandu de nouvelles lumières sur ce sujet, ou du moins dissipé un peu l'obscurité qui
l'enveloppait. Je comprendrai donc sous le nom
de Berbers, sans y attacher la moindre idée d'une
origine ou d'une analogie commune, toutes les
peuplades indigènes du cœur de l'Afrique septentrionale hors de l'Égypte, depuis l'Atlantique
jusqu'au golfe Arabique, par opposition aux

---

(1) Voyez les Relations de Höst, Shaw et autres.

(2) On voit dans Procope, *de Bello vandalico*, que ces
peuples cherchèrent déjà sous les Vandales à se remettre en
possession de leurs terres. Prétendre trouver aujourd'hui
des tribus de Vandales ou de Carthaginois dans le cœur de
l'Afrique, serait une tâche aussi inutile que serait peut-être
erronnée l'opinion que le sang des Phéniciens ou des Ger-
mains n'a pu être mélangé avec celui des tribus indigènes,
ni exercer quelque influence sur leur couleur. Ce que
nous dirons ailleurs des Tuariks confirmera peut-être cette
supposition.

Maures et aux Nègres. Pour en faciliter l'aperçu, nous séparerons les tribus de la partie occidentale de celles de la partie orientale.

Les relations de Hornemann et de Lyon nous ont fait connaître au Couchant deux peuples très-répandus et bien différents des Arabes et des Nègres, c'est-à-dire les Tibbos et les Tuariks, dont les derniers méritent surtout d'être mentionnés à cause du vaste territoire qu'ils occupent. Ils habitent, au rapport de Hornemann (1), à l'Ouest et au Sud du Fezzan, et leur territoire est bordé au Sud-Est par le Bornou, au Sud par la Nigritie, à l'Ouest par Fez et Maroc. Mais on rencontre aussi quelques colonies de ce peuple dans le Fezzan même, à Augila et à Siwah, où la langue des Tuariks est parlée par les habitants.

Ils se divisent, à la vérité, en plusieurs tribus; mais tous parlent le même idiome, tout-à-fait opposé à celui des Arabes. Les échantillons de cette langue envoyés en Angleterre ont d'ailleurs conduit à un résultat très-important. La comparaison a montré qu'elle est parlée par les Berbers du mont Atlas (2); de sorte qu'il ne peut

---

(1) HORNEMANN, p. 129—132.

(2) Voyez la comparaison établie par Marsden. HORNEMANN, p. 235.

pas y avoir de doute que ce peuple et les Tuariks ne forment une seule nation.

Quant à leur couleur, elle est sujette à plusieurs nuances dans les diverses tribus, mais
qui semblent être inhérentes à leurs établissements et à leur manière de vivre, et ne sont donc
proprement que des variations de teint qui, d'a-
près ces circonstances, est tantôt plus clair, tantôt plus foncé. Les tribus occidentales de ce
peuple, autant que leur genre de vie et le climat le comportent, sont d'une couleur jaunâtre
comme les Arabes; d'autres tirent sur le noir;
et, dans le voisinage du Soudan, il y a des tribus toutes noires : mais chez celles-ci les traits
de la physionomie n'ont cependant rien du Nègre. La religion mahométane s'est introduite chez
eux, mais plusieurs tribus sont encore attachées
au panthéisme. Ces hommes vivent la plupart en
nomades; il y en a néanmoins qui ont des demeures fixes. Ils sont d'une taille svelté, et plutôt grands que petits.

Quant à leur caractère moral, ils jouissent
d'une bonne réputation; et plus instruits et plus
éclairés, ils feraient, avec leurs dispositions
naturelles, un peuple des plus distingués. Ils
se livrent de préférence au commerce : leurs caravanes parcourent le pays entre la Nigritie et

le Fezzan, dont la capitale, le reste du temps déserte, est animée par leur présence.

Ces données sont confirmées et développées par Lyon (1) qui, dans le Fezzan, eut soin d'observer les Tuäriks. Selon lui, il ne vit jamais de race plus belle : d'une taille svelte, élancée, bien faits, il se peint dans leur figure un orgueil et une indépendance qui ont quelque chose d'imposant.

Ils sont à proprement parler blancs, car le brun-foncé de leur visage n'est que la conséquence de la chaleur du climat : aussi leurs bras, ainsi que les parties couvertes de leur corps, supporteraient la comparaison avec la peau d'une foule d'Européens. Dans leurs vêtements qui sont de coton, ils s'attachent de préférence aux couleurs bigarrées et saillantes, en quoi excellent surtout les marchands lorsqu'ils vont dans les villes. Munis d'un fouet qu'ils tiennent suspendu à l'épaule gauche, et armés d'un long glaive et d'un poignard, une lance artistement travaillée, souvent tout en fer, complète leur équipement.

____

(1) LYON, *Narrative*, p. 108—112. Voyez les planches, tab. 10, 11, où on les représente dans tout leur costume et leur toilette. L'usage de couvrir le bas du visage depuis le milieu du nez, a probablement pour objet de se garantir contre le sable et le vent chaud.

Lyon aussi leur fait parler la langue des Berbers, en usage à Tunis et dans quelques contrées
de Maroc, que l'on nomme en ces lieux *ertana*.
Ils sont fiers de son ancienneté.

Quoique mahométans, toutes leurs connaissances religieuses se bornent à quelques formules
de prières. Répandus dans le désert, ils mènent,
à l'instar des Bédouins, une vie vagabonde. Ils
montent des *maherris* ou dromadaires, avec lesquels ils voyagent très-vite.

Plusieurs de leurs tribus sont en guerre con-
tinuelle avec les états du Soudan, d'où ils emmè-
nent une foule d'esclaves, principal objet de leur
commerce. Leurs demeures commencent à dix
journées au Sud de Murzuk.

Aujourd'hui encore un peuple, également différent des Arabes et des Nègres, occupe la plus
grande partie de l'Afrique septentrionale, et en
fait presque seul tout le commerce *intérieur*.
Comme l'histoire ne nous dit rien de l'établissement d'un tel peuple dans ces contrées, tout
nous autorise à le croire indigène. Sa manière
de vivre, ses occupations sont conformes à celles
des anciens Libyens; et ses habitations seraient
peut-être encore les mêmes, s'il n'avait pas été
repoussé des côtes de la mer par des conquérants
ambitieux, et s'il n'eût acheté sa liberté et son
indépendance en se retirant au fond du désert.

Tout cela ne fait-il pas présumer que ces Tuariks sont les descendants des anciens Libyens?

Il est certain qu'à mesure qu'on les connaîtra
mieux, on verra se confirmer une foule de petits traits qu'en rapporte Hérodote, comme aussi
son opinion qui les lui fait prendre pour les
hommes les plus sains de la terre (1).

Les Tibbos, dont nous avons déja eu occasion
de parler plusieurs fois, diffèrent sous tous les
rapports des Tuariks, tant pour l'extérieur que
pour le genre de vie et le langage. Leur couleur
est d'un noir luisant; mais leur profil, souvent
au nez aquilin, comme le dit Lyon (2), n'a rien
du Nègre. Peu civilisés, ils vivent ou dans des
cavernes, ou dans des villages, sur des montagnes escarpées, pour échapper aux expéditions
rapaces des Tuariks et des Fezzans qui leur prépa-
rent des fers. Eux aussi exploitent la traite des
esclaves, sans cependant aller jusqu'au Soudan.

Leurs femmes sont bien faites, et aiment,
comme les Nègres, la danse. En comparant les
Tuariks avec les Tibbos, n'est-on pas amené naturellement à cette conjecture que, chez les uns,
la population se répandit du Nord au Sud; chez
les autres, au contraire, du Sud au Nord?

----

(1) HÉRODOTE, IV, 187.
(2) LYON, *Narrative*, p. 225, etc.

V.   2

Tracer une ligne de démarcation exacte entre les anciens Libyens et les Éthiopiens serait peut-être aussi difficile que d'en fixer une entre les Nègres actuels et les Maures et Tuariks ; toutefois on peut considérer la limite méridionale du grand désert comme la frontière invariable des peuples de la Nigritie. Quelques tribus noires, qu'elles fussent entièrement composées de Nègres ou non, pénétrèrent cependant, à différentes époques, plus avant dans le désert.

Selon les indications fournies par Lyon, la couleur noire commence sous le 28e degré de latitude Nord. L'exemple des Éthiopiens chassés par les Garamantes avec des quadriges (1), comme quelques tribus éthiopiennes échelonnées le long de l'Atlantique jusqu'à Cerné (2), en fournissent la preuve pour l'antiquité ; et les relations des voyageurs modernes ont déja constaté que les monts Tibesti contenaient ou contiennent encore des peuples noirs, dans les mêmes contrées où les Garamantes chassaient autrefois les Éthiopiens (3). Ajoutez à cela les nombreux mélanges des tribus, et on sentira l'impossibilité

---

(1) HÉRODOTE, IV, 183.
(2) SCYLAX, p. 54.
(3) HORNEMANN, p. 126 ; LYON, l. c.

d'établir des marques distinctives plus exactes
entre les Libyens et les Éthiopiens.

Tournons-nous maintenant vers des peuples
placés à l'Ouest de l'Afrique septentrionale, vers
ceux qui sont fixés à l'Est de ce continent, depuis les peuplades rangées autour du Nil au-dessus de l'Égypte, et les pays circonvoisins jusqu'au
golfe Arabique. Leur pays étant en général compris sous la dénomination d'Éthiopie, ce nom
est aussi appliqué à ses habitants, et on les appelle Éthiopiens avec d'autant plus de raison,
qu'abstraction faite de l'origine, leur couleur tire
sur le noir : mais les écrivains ne s'expriment
pas tous d'une manière précise.

Hérodote réclame encore le premier notre
attention . Ses données décèlent ici, comme
partout, le philosophe profond et l'observateur
habile. Il distingue les Éthiopiens par la nature de leurs cheveux, et sépare les vrais Nègres (1) des autres tribus noires. « Les Éthiopiens d'Orient, dit-il, ont les cheveux droits et
lisses; les Éthiopiens libyens les ont plus crépus
qu'aucune autre espèce d'hommes (2). » Notre

____

(1) Nous entendons par Nègres, selon l'usage établi, des
peuples noirs aux cheveux cotonneux, et le profil bien connu
du Nègre.

(2) Hérodote, VII, 70.

historien se trompe, à la vérité, en attribuant cette qualité à tous les peuples noirs de l'Afrique. Tous ne sont pas Nègres; il y en a beaucoup qui, semblables aux Asiatiques, malgré leur couleur noire, ont des cheveux longs ; mais Hérodote jugea d'après ce qu'il put en apprendre dans la haute Égypte.

Hérodote n'a pas classé les diverses tribus de ces peuples selon leurs demeures, avec la même exactitude qué les géographes postérieurs : il les désigne, en général, comme habitants de l'Afrique méridionale; il ne distingue que les Macrobiens et les habitants de Méroé, dont nous parlerons ailleurs. Nous ne trouvons des notions plus exactes que dans les auteurs du temps des Ptolémées, dans les fragmēnts que Diodore, Strabon et autres nous ont conservés des écrits d'Ératosthène et d'Agatharchide.

Nous devons cependant à Hérodote un renseignement important, qui, malgré tant de changements, s'applique aussi bien à nos temps qu'aux siens.

Les pays à l'Est de l'Afrique septentrionale au-dessus de l'Égypte, depuis le Nil jusqu'au golfe Arabique, désignés actuellement sous le nom de *Nubie* et de *Sennaar*, étaient déja occupés, à cette époque, ou par des aborigènes qu'Hérodote comprend sous la dénomination générique

d'Éthiopiens, ou par des tribus arabes émigrées
qui, la plupart, continuaient leur vie nomade.
Il en fut ainsi durant le règne des Perses, et
même antérieurement sous les Pharaons : c'est
ce qui résulte de ce qu'il nous dit des habitants
de ces pays, forcés par Xerxès à le suivre dans
son expédition contre la Grèce. Ici les Éthiopiens et les Arabes au-dessus de l'Égypte sont
rangés sous le même chef (1).

Mais jusqu'à quel point les Arabes se répandirent ensuite, voilà ce que nous apprend un
passage de Pline relatif à la description de l'A-
frique faite par le roi numide Juba, contemporain d'Auguste (2). L'auteur romain rapporte
que des tribus arabes, différentes des éthiopiennes, occupaient les rivages du Nil, depuis Philæ
jusqu'à Méroé.

Nous ferons voir ailleurs combien ces relations
ont été confirmées par les voyageurs les plus
modernes.

Vouloir tracer une ligne de démarcation entre
les peuplades arabes et les aborigènes, nous
semble une tâche aussi difficile que de marquer
celle qui existe entre les Nègres et les Berbers.
Non-seulement les Arabes se sont établis depuis

---

(1) Hérodote, VII, 69.
(2) Pline, VI, 34.

plus de vingt siècles dans l'Afrique occidentale (par conséquent avant l'introduction de l'islamisme, ce qui du reste a bien dû contribuer à leur donner une certaine supériorité (1)); mais plusieurs de leurs tribus se sont même mélangées avec les naturels du pays (2).

C'est ainsi que ces derniers, pour se distinguer des Nègres (3), se sont faussement attribué une origine arabe. Quoique l'idiome paraisse devoir trancher la difficulté, il faut néanmoins agir avec circonspection. L'origine arabe étant considérée comme plus noble, il y a des tribus qui, tout en parlant une langue différente, prétendent à cet honneur. Les voyageurs aussi pouvaient se tromper facilement, lorsqu'ils entendaient quelques particuliers de ces tribus parler l'arabe, et qu'ils en inféraient que toute la peuplade le parlait. Mais néanmoins le caractère de la langue me semble avoir le plus de poids dans cette question. Il n'est pas à supposer que des Arabes aient abandonné leur idiome dont ils s'enorgueillissent (4), pour adopter celui des barbares

---

(1) QUATREMÈRE, *Mémoires sur l'Égypte*, II, p. 146.

(2) *Ibid.*, p. 144.

(3) BURKHARDT, *Travels in Nubia*, p. 216.

(4) LEGH, *Narrative of a journey in Egypt, and the countries beyond the cataracts*, p. 55.

ou des vaincus, chose qui n'aurait pu arriver qu'autant que leur petit nombre les aurait forcés à se confondre avec les naturels du pays.

Je me crois donc autorisé à regarder les peuples qui ne parlent pas l'arabe comme indigènes, même quand ils s'attribueraient dans leur tradition une origine arabe ; et je les comprends d'autant plus aussi sous la dénomination de Berbers (Barabras), qu'en Égypte ce nom leur est donné encore aujourd'hui dans cette acception (1).

Parmi ces peuples, nous mentionnerons d'abord les Nubiens : il n'en est pas question avant l'âge des Ptolémées ; Ératosthène est le premier (2) qui s'en occupe. Mais on entend par Nubiens, tantôt toutes les peuplades depuis l'Égypte jusqu'à Sennaar et l'ancienne Méroé, rangées sur les deux côtés du Nil (3), tantôt, dans un sens plus étroit, les peuples qui s'étendent jusqu'au Dongola actuel ; ce qui les caractérise surtout, c'est qu'ils sont fixés dans la vallée du Nil.

Ce n'est que depuis quelques années que ce

---

(1) Lech, p. 56.

(2) Strabon, p. 1135.

(3) *Ibid.* (l. c.) Strabon compte les peuples à l'Ouest du Nil parmi les Nubiens, et les distingue des Éthiopiens.

peuple nous a été mieux dépeint par Burkhardt, dont les relations se trouvent confirmées de la manière la plus honorable par ses successeurs (1). Ils habitent le pays des monuments, élevés peut-être par leurs aïeux, et méritent d'autant plus notre attention. Leur langue, dont Burkhardt nous a donné des échantillons (2), diffère entièrement de l'arabe; il en est de même de leur constitution physique. Leur couleur est brun-foncé. Leurs cheveux crépus, ou, chez les femmes, bouclés, mais non cotonneux, forment souvent une touffe saillante, comme on le remarque sur les monuments. Leur figure n'a rien de la physionomie du Nègre.

Les hommes, bien faits, forts et musculeux, ont des traits délicats. Leur taille est un peu inférieure à celle des Égyptiens; ils n'ont que peu de barbe sous le menton, comme on le voit sur les monuments égyptiens. Ils ont la démarche légère, et ne sont presque pas vêtus. Tous portent des armes : une lance de cinq pieds de long, un poignard, et un grand bouclier de peau d'hippopotame.

---

(1) Voyez surtout les *Voyages de* WADDINGTON et de HANBURY *en Éthiopie*, dans la traduction allemande, p. 24.

(2) BURKHARDT, p. 153, cite notamment deux dialectes de cette langue.

Les femmes, d'une taille fine, ont la physionomie douce. Les hommes les achètent à leurs
parents, mais épousent souvent aussi des filles
arabes (1).

« Le Nûbien, dit un autre témoin oculaire (2),
est élancé et maigre, mais bien fait. Sa beauté
change aussi peu que celle d'une statue. Il est
plus hardi et plus fier que l'Arabe. Lorsqu'il
demande un présent, il met la lance sur la poi-
trine. Tous sont armés d'une lance, d'un glaive et
d'un bouclier. J'en ai vu au nombre de quarante
assis en cercle, dont chacun avait la lance plan-
tée en terre à côté de lui. »

Selon le témoignage des voyageurs les plus
modernes, le nubien est encore parlé à Dongola,
où l'on n'entend qu'un mauvais arabe (3). Au
Sud de Dangola touche le pays des Scheygias,
peuple très-remarquable. D'une couleur foncée
ou plutôt noire, ils ne sont cependant pas Nègres (4). Jusqu'à présent entièrement libres, ils
défendirent, il y a quelques années, contre l'armée du pacha d'Égypte, leur indépendance avec

---

(1) Burkhardt, p. 144.
(2) Hennickes, *Notes during a visit to Egypt and Nubia*,
p. 164.
(3) Waddington et Hanbury, p. 59, note.
(4) *Ibid.*, p. 77, etc.; Burkhardt, p. 68, etc.

un héroïsme digne d'un meilleur sort (car leur race semble être tout-à-fait exterminée). Ils parlent arabe; mais je n'ose prononcer s'ils sont d'origine arabe ou mixte. Ils se divisent en lettrés, qui ont des écoles et des livres; en guerriers et en marchands, ce qui constitue presque une division par castes. Les guerriers sont cavaliers: tous armés d'une double lance, ils portent un glaive et un grand bouclier. C'est chez eux que commencent les monuments en pyramides qui ornaient l'ancienne Méroé, dont le nom même s'est conservé dans leur capitale Merawe, quoique l'ancienne ville de ce nom se trouve plus au Sud. Leur territoire touche à la contrée de Berber. Leurs habitants, nommés Berbers dans le sens le plus restreint, se vantent d'être Arabes pour ne pas être appelés Nègres; mais ils semblent être de race nubienne et s'être mélangés avec les Arabes.

« C'est, nous dit Burkhardt (1) un beau peuple, d'une couleur rouge foncée; il n'a rien du profil du Nègre; leur visage est ovale, leur nez souvent presque tout-à-fait grec, ayant seulement la lèvre supérieure un peu saillante. D'une taille haute et élancée, encore plus que les Égyp-

____

(1) Burkhardt, p. 216, 233.

tiens, ils sont très-sains, et on ne voit pas de gens maladifs parmi eux. »

Au-dessus de ces contrées, au-delà d'Astraboras ou Tacazze, surtout à Shendi, et de là jusqu'à Sennaar, c'est la langue arabe qui domine; et la majorité des habitants, quoique mélangés avec d'autres, peut bien être d'origine arabe. La cause ne nous semble pas difficile à expliquer. C'est ici que se trouvaient autrefois, et se trouvent encore aujourd'hui les principaux marchés. Le commerce fut toujours de préférence entre les mains des Arabes. Il n'est donc pas étonnant de voir aussi leur langue régner dans les marchés. Elle s'étend par conséquent, au-delà de Sennaar, jusqu'aux frontières de l'Abyssinie où commencent divers idiomes, l'amhara et autres dialectes, que Bruce et les derniers voyageurs nous ont fait connaître.

Mais il s'en faut de beaucoup que la langue arabe ait acquis la même autorité parmi les tribus répandues depuis la vallée du Nil jusqu'au golfe Arabique. Les anciens auteurs placent en ces lieux les Blemmyes et les Megabari; guerriers sauvages, qui vivent dans les bois du produit de leur chasse; et qui des montagnes et des côtes où ils font leur demeure empruntent le nom de *Troglodytes*, ou habitants de cavernes, et de leur nourriture celui d'*Ichthyophages*.

Parmi les voyageurs modernes, Bruce nous en
a donné, à la vérité, des notions intéressantes;
mais il n'a pas pénétré lui-même jusque dans
leur pays. Burkhardt le premier a osé le traverser en prenant son chemin de Shendi à Suakem
sur le golfe Arabique. Nous allons comparer leurs
relations avec celles des anciens, surtout d'Agatharchide, dont l'ouvrage sur la mer Rouge,
c'est-à-dire Méridionale, ne subsiste malheureusement qu'en fragments (1).

Agatharchide distingue déjà les peuples de ces
contrées par leur genre de vie : il y en avait qui
se livraient à l'agriculture en semant du millet
ou du *durra*, mais la plupart étaient pasteurs;
et d'autres des chasseurs sauvages. Il en est encore de même aujourd'hui. Le peuple principal
est celui auquel Bruce et Burkhardt donnent le
nom de Bischaryes, et que les auteurs antérieurs
appellent aussi Bejas ou Bedjas', si ce n'est que
ce dernier nom est affecté de préférence aux habitants de la plaine. Un savant français (2) a

---

(1) AGATHARCHIDES, *De rubro mari, in Geographis min.*
Hudson, II, p. 37; DIODORE, I, p. 191.

(2) QUATREMÈRE, *Mémoires sur l'Égypte,* vol. II, p.
127, etc. Les relations des anciens sur les Blemmyes ont
été recueillies complètement dans cet ouvrage, et comparées
avec Makrizie et autres manuscrits.

montré d'une manière satisfaisante que les Bischaryes et les Blemmyes ne font qu'un peuple.
Ils habitent les mêmes contrées, n'ont nullement
changé leur manière de vivre, ne sont pas Arabes, mais Aborigènes, et font par conséquent
partie de la classe des peuples compris sous le
le nom générique de Berbers.

Les habitations des Bischaryes commencent
au Nord, là où finissent celles des Ababdès qui
se répandent depuis le Cosseir en Égypte jusqu'environ 23 degrés de latitude Nord. Ce dernier peuple parle arabe : commerçants, ils s'oc-
cupèrent de tout temps de l'éducation des
chameaux et conduisirent des caravanes (1).
C'est à cause de leur langage qu'on les appelle
Arabes ; d'autres ne les prennent que pour une
branche des Bischaryes. Ainsi, là où viennent
aboutir les demeures des Ababdès, celles des
Bischaryes commencent, et s'étendent au Sud jusque dans le voisinage de Suakem. Elles occupent
surtout la chaîne de montagnes qui longe toute
la côte orientale de l'Afrique. Cette chaîne de
montagnes fut, dès les temps les plus reculés,
le berceau des peuples qui construisirent des

____

(1) QUATREMÈRE, p. 158, etc. ; BURKHARDT, p. 149,
344, etc.

habitations dans les cavernes et les grottes formées par la nature, et que l'on désigne par conséquent sous le nom de *Troglodytes* (1).

L'habitant du Nord doit nécessairement avoir
de la peine à se faire une juste idée du genre de
vie de ces peuples. Celui qui désire en voir une
image en Europe, n'a qu'à visiter les catacombes
de Naples (2). En les examinant avec attention
il est facile de se convaincre qu'elles remplissaient autrefois le même but; fait du reste confirmé par l'histoire.

Les souterrains majestueux, qui ressemblent
à une chaîne d'églises gothiques, et paraissent
être excavés par les mains de Polyphème, nous
font concevoir quel était le genre de vie d'un
peuple qui, dans la mauvaise saison, y trouvait
avec ses troupeaux un asile contre la pluie, et
en été un abri contre la chaleur (3).

---

(1) Agatharchides, l. c., p. 45; Diodore, I, p. 197.

(2) Il n'en est pas de même de celles de Rome qui évidemment doivent avoir eu une autre destination.

(3) Plusieurs traces de l'Italie méridionale et de la Sicile,
dans l'intérieur de laquelle est pour ainsi dire toute une
ville construite dans les rochers (voyez Bartels, *Lettres
sur la Calabre et la Sicile*, III, 441), jointes aux traditions
les plus anciennes des premiers habitants de ces pays, les Cy-
clopes et les Cimmériens, ne permettent pas de douter qu'il
n'y eût là primitivement des peuples pasteurs troglodytes.

Les Troglodytes d'Éthiopie, pasteurs, selon
Agatharchide, avaient leurs propres princes ou
chefs de tribus. Ils possédaient les femmes en
commun : ce qui tenait apparemment à leur
genre de vie, qui n'admettait guère des alliances
domestiques. Durant la mauvaise saison, lorsque
des pluies continues inondaient le pays, ils vivaient avec leurs troupeaux dans les grottes, où
ils se nourrissaient de sang et de lait caillé; mais,
au retour de la belle saison, ils se pressaient de
conduire leurs bestiaux dans les lieux de pâca-
ge, dont ils se disputaient souvent la jouissance
les armes à la main.

« Les Bischaries, dit Burkhardt, sont un peuple sauvage, et descendent rarement de leurs
montagnes. Leurs troupeaux consistent en chameaux et brebis : ils ne vivent que de lait et de
viande; ils aiment surtout le sang chaud de brebis tuées, et encore plus la moelle crue des
chameaux. Leur langue diffère de celle des Arabes, et approche, à ce qu'on dit, de celle des
Abyssiniens. Ils se divisent en beaucoup de tribus, qui sont souvent en guerre entre elles pour
les pâturages. Leur couleur est brun-foncé; les
femmes sont bien faites, ont de beaux yeux,
de belles dents, et sont d'un commerce très-
libre. C'est un peuple vraiment indigène en Afri-

que. » Burkhardt, et même Bruce, ont cité les noms de plusieurs de leurs tribus.

Les Schihos, et leurs voisins les Hazoras, à qui l'on donne un teint cuivré, vivent, selon Bruce, encore aujourd'hui dans leurs cavernes, se couvrent de leurs peaux de chèvre, et se portent avec leurs troupeaux d'un côté de la montagne à l'autre (1). Quelques-unes de leurs tribus se répandent aussi dans les plaines d'At-bara (2), entre le Tacazze inférieur et les montagnes; ceux qui sont les plus voisins du fleuve où le sol est très-fertile, sèment un peu de *durra*, mais sans cultiver le champ : eux aussi sont pasteurs, et possèdent des bœufs superbes (3).

La nature du climat force ces tribus à faire tous les ans des migrations avec leurs troupeaux. L'Astaboras déborde, inonde les plaines voisines, et oblige les habitants à chercher d'autres

______

(1) BRUCE, III, 69, 72.

(2) C'est ainsi que s'appelle, d'après ce fleuve, la contrée sur l'Astaboras ou Atbar inférieur. Selon Burkhardt, Atbara n'était proprement qu'un camp. Le nom de Taka, sous lequel Bruce et Burkhardt désignent cette contrée, s'explique par l'autre dénomination du même fleuve, Tacazze.

(3) BURKHARDT, p. 390, etc.

pâturages. Selon Bruce (1), l'insecte redoutable, qu'il a décrit sous le nom de *mouche*, y contribue beaucoup : au commencement de la saison pluvieuse, ces insectes se jettent par bandes sur les grasses contrées situées près de l'Astaboras, et tuent les troupeaux si on ne les conduit pas aussitôt dans les régions sablonneuses plus élevées, où ces mouches cruelles ne les poursuivent pas.

Ce phénomène est également connu d'Agatharchide, dont les rapports s'accordent avec ceux du voyageur anglais.

« Les demeures des mangeurs de sauterelles, dit Agatharchide (2), sont bordées par un grand pays, riche en bons pâturages, mais désert et inaccessible. Car inondé par une masse inouïe de scorpions et de taons armés de quatre dents, les habitants de ce district ne sachant comment obvier à ce désastre, prirent la fuite et laissèrent le pays inculte. »

---

(1) Bruce, I, p. 434, etc.

(2) Agatharchides, l. c., p. 43.-Voyez aussi le récit qu'il fait (p. 37) des cousins qui, sur les rives de l'Astaboras, chassent les lions auxquels leur bourdonnement est insupportable. Selon Bruce, les éléphants et les rhinocéros se défendent même avec peine des agressions de ces insectes.

L'auteur grec ignorait seulement que ce fléau se reproduisait tous les ans, et qu'il commençait avec la saison pluvieuse et finissait avec elle. « Ces mouches, dit Bruce, ne viennent que dans les endroits où la terre est grasse. Dès que le bétail les entend bourdonner, il court çà et là furieux dans la plaine jusqu'à ce qu'il tombe mort d'angoisse et de faim. La seule chose qui reste à faire aux pasteurs est de quitter le sol noir; de conduire promptement leurs troupeaux dans les contrées sablonneuses d'Atbara et d'y rester durant la saison pluvieuse, cet ennemi cruel n'osant jamais les y poursuivre. »

Un voyageur plus moderne (1), mais qui n'a pas visité ce pays, conteste la véracité de Bruce, parce qu'un indigène, qu'il consulta à cet égard, n'avait aucune connaissance de cet insecte. Cela ne suffit cependant pas pour accuser Bruce d'avoir inventé une fable; il faudrait avoir fait des recherches sur les lieux mêmes pour prononcer un jugement. Le silence de Burkhardt seul ne prouve rien contre Bruce, car il se peut fort bien que ce savant ait oublié de s'informer sur ce sujet.

La partie méridionale de la contrée nommée

____

(1) VALENTIA, *Travels*, II, p. 394.

Taka ou Atbara, sur le Tacazzé supérieur, est le
pays des peuples chasseurs. Le sol fécond est couvert de forêts épaisses remplies d'animaux sauvages, tels que lions, panthères, éléphants et
rhinocéros. Agatharchide (1) nous donne aussi
des renseignements sur les tribus qui habitent
ces régions.

« Le long des rives de l'Astaboras, dont les
eaux bordent d'un côté l'île de Méroé, demeure,
dit-il, un peuple qui se nourrit des racines de
jonc d'un marécage voisin. On coupe ces racines
avec des pierres, on en fait une masse pâteuse, et
on en met sécher au soleil des morceaux gros
comme la main. A ce peuple succède la tribu des
Hylophages, qui se nourrissent des fruits tombés
des arbres, d'herbes croissant dans les vallées,
et même des bouts tendres des branches : aussi
ont - ils une agilité toute particulière pour
grimper sur les arbres. Viennent ensuite, vers
le Couchant, des peuples chasseurs, qui font
leur nourriture des animaux féroces qu'ils tuent
avec leurs flèches. D'autres tribus encore mangent la chair des éléphants et des autruches. Il
nous reste à parler d'une autre peuplade moins

____

(1) AGATHARCHIDES; *Ed. Hudson*, p. 37 ; DIODORE, I,
p. 191.

3.

nombreuse qui se nourrit de sauterelles, lesquelles descendent en bandes nombreuses des contrées méridionales inconnues. »

Les demeures de ces peuples sont trop bien déterminées par Agatharchide pour qu'on puisse s'y tromper. Ils habitent sur les rives de l'Astaboras, qui les sépare de l'île de Méroé. Nous voilà arrivés dans le pays des Shangalla, où aucun voyageur moderne n'a encore pénétré.

Bruce passa le long des frontières méridionales de ce pays, et Burkhardt, dans son voyage à Suakem par Taka, longea ses limites septentrionales; les forêts et les bêtes fauves semblent en défendre l'entrée. « Toutes les nuits, dit Burkhardt, j'entendais leur hurlement, et personne n'osait sortir du camp (1). Cependant, les animaux les plus féroces, ajoute-t-il, ce sont les hommes qui habitent ce pays. » Il ne cite pas le nom des Shangalla, quoiqu'on le trouve sur sa carte; à moins que ce ne soient ses Sogollo (2) dont les demeures se trouvent dans ces contrées, avec leurs voisins les Hallenga et Hadendoa, renommés pour

----

(1) Burkhardt, p. 387.

(2) *Ibid.*, p. 395. Les Hadendoa, dit Burkhardt (p. 392), sont sans doute une branche des Bischaries, comme tous les Nubiens d'Orient, avec lesquels ils s'accordent pour la figure, le langage et les mœurs.

leur inhospitalité (1)? Les renseignements de Bruce confirment en tout point ceux d'Agatharchide. La vie de ces peuples n'a pas changé depuis vingt siècles; ce sont encore les mêmes barbares sauvages. Ils se distinguent toujours par leur nourriture, quoiqu'on ne doive pas la considérer comme la seule dont ils fassent usage.

Les Hylophages habitent encore aujourd'hui sous des branches d'arbres, qu'ils enfoncent dans la terre pour faire des tentes. Le récit de la pâte de racines repose probablement sur quelque malentendu : cette pâte est de la durra broyée sous la pierre, et préparée avec un bouillon de racines et d'herbes (2).

Les Dobenahs, tribu la plus puissante des Shangalla, vivent d'éléphants et de rhinocéros dont ils conservent la chair, comme celle du chameau, séchée au soleil et coupée en tranches.

Les Baasa mangent la chair des lions, et même celle des serpents qui sont chez eux d'une grosseur énorme. Plus à l'Ouest demeure la tribu qui, dans l'été, se nourrit de sauterelles grillées, puis conservées sèches dans des paniers.

---

(1) BRUCE, II, p. 539, etc.
(2) BURKHARDT, p. 417.

« C'est ici, dit Burkhardt (1), qu'est le véritable pays des sauterelles.» Il vit lui-même comme les esclaves de la caravane s'en régalèrent (2). Les peuples placés le plus à l'Est sont les *Struthiophages*, ou mangeurs d'autruches. Ils vivent dans les plaines qui ne sont habitées que par l'autruche.

Voilà une nouvelle preuve que l'homme devient ce que le font les circonstances et la nature du sol qu'il occupe. Les tribus des Shangalla, dont nous venons de parler, sont demeurés chasseurs parce que leur sol ne se prête ni à l'agriculture, ni à l'éducation du bétail ; les Bischaries et autres sont arrivés à la vie pastorale, parce que leurs montagnes leur offraient des pâturages pour leurs troupeaux. Mais il ne leur a pas été donné de parvenir à une plus haute civilisation, la nature de leur pays les ayant contraints d'embrasser une vie nomade.

Avant de quitter l'Éthiopie placée au-dessus de l'Égypte, il me reste encore à parler d'un peuple éthiopien anciennement très-célèbre,

---

(1) BURKHARDT, p. 391.

(2) *Ibid.*, p. 424. Ils ôtèrent les entrailles et les grillèrent au feu. Ces esclaves étaient probablement de la race des *Acridophages*.

qu'Hérodote nous a déja dépeint d'une manière détaillée, les Macrobiens (1).

C'est contre eux que Cambyse fit une expédition, et c'est à cette circonstance qu'ils doivent la réputation qu'ils se sont faite dans l'histoire.

Le bruit de la quantité d'or qu'ils possédaient engagea Cambyse à cette expédition ; mais il envoya d'abord quelques espions dans leur pays, qu'il prît parmi les Ichthyophages d'Éléphantine, parce qu'ils parlaient leur langue. Cambyse leur donna des instructions sur ce qu'ils devaient dire, et les chargea de porter au roi des Macrobiens ses présents, qui consistaient en un manteau de pourpre, un collier et des brasselets d'or, un vase d'albâtre rempli de myrrhe, et quelques mesures de vin de palmier.

Les Éthiopiens, auprès desquels Cambyse envoya des députés, passent pour être d'une taille plus élevée, et plus beaux de figure que le reste des hommes. Ils ont aussi des usages particuliers, et choisissent pour roi celui de leurs concitoyens qui surpasse tous les autres par sa taille, et qui est fort à proportion.

Le roi des Éthiopiens ayant bientôt reconnu ces députés pour espions, contempla les présents dont ils étaient porteurs, et dont il ne

---

(1) Hérodote, III, 17—25.

connaissait pas l'usage. Il rendit le manteau, les parfums, et le collier qu'il prit pour des chaînes; le vin fut la seule chose qu'il goûta avec plaisir. Il demanda en quoi consistait la nourriture habituelle de leur roi, et quelle était la plus longue durée de la vie d'un Perse. Les envoyés lui répondirent que le pain de froment était la principale nourriture du roi, et que quatre-vingts ans étaient la plus longue durée de la vie d'un Perse. A cela l'Éthiopien repartit : qu'il n'était pas surpris que des gens qui se nourrissaient de fumier vécussent un si petit nombre d'années; qu'ils n'atteindraient pas même cet âge, s'ils ne se soutenaient pas par cette liqueur (il indiquait aux Ichthyophages le vin dont il venait de boire), et que c'était en cela seul que les Perses étaient supérieurs aux Macrobiens. Les députés ayant, à leur tour, interrogé le roi sur la nourriture et la durée de la vie des Éthiopiens, il leur dit : que le plus grand nombre vivait jusqu'à cent vingt ans, que quelques-uns même passaient ce terme; que leur nourriture habituelle était des viandes cuites, et leur boisson du lait.

En échange des présents qu'on venait de lui faire, il envoya au roi des Perses un grand arc, en ajoutant : « Quand les Perses pourront manier facilement de telles armes, qu'ils fassent alors la guerre aux Macrobiens, pourvu cependant qu'ils viennent encore en nombre supérieur; jusque-là, que Cambyse rende grâces aux dieux qui n'ont pas mis dans l'esprit des enfants de l'Éthiopie d'aller conquérir des terres autres que celles qu'ils possèdent. »

Puis on montra aux députés, comme curiosités, la *Table du Soleil.* On a donné ce nom à une prairie située dans un dés faubourgs de la ville; cette prairie est continuellement couverte de viandes cuites; ces viandes y sont, d'après un antique usage, déposées toutes les nuits par ordre des magistrats; et dans le jour, tous ceux qui veulent s'y présenter, peuvent s'en nourrir. Les habitants prétendent que c'est la terre même de cette prairie qui produit ces mets, et par cette raison l'ont appelée Table du Soleil.

On conduisit ensuite les Ichthyophages à la prison publique des hommes; les prisonniers avaient pour fer des chaînes d'or; car il paraît qu'en Éthiopie l'airain est le plus rare et le plus estimé des métaux. Ils visitèrent enfin les tombeaux des Macrobiens, que l'on dit fabriqués en verre (ὕαλος) de la manière suivante.

Après avoir desséché le corps, soit d'après la méthode des Égyptiens, soit de toute autre façon, on l'enduit d'une couche de plâtre ornée d'un dessin qui représente le mort aussi res-

semblant que possible. Cette préparation terminée, on renferme le corps dans une colonne
creuse d'un verre fossile, très-commun dans le
pays, et qui se travaille facilement. Au travers
de cette enveloppe on voit le mort, sans qu'aucune odeur désagréable se fasse sentir, et sans
que cette vue ait rien de choquant. La colonne est
placée de manière qu'on puisse la contempler
de tous côtés, ainsi que le corps qu'elle renferme.
Les parents les plus proches du mort gardent
ces sortes de colonnes pendant un an dans leurs
maisons, font servir devant elles les prémices
des victimes, et leur offrent même des sacrifices.
Ce temps écoulé, elles sont emportées dehors,
et placées autour des murs de la ville.

Je me suis arrêté un peu sur la description de
ce peuple, parce qu'elle est instructive sous plus
d'un rapport. Ainsi les Macrobiens habitaient
une ville, avaient des lois, des prisons, savaient
travailler les métaux, avaient fait des progrès
sensibles dans l'art plastique; mais ils n'avaient
aucune idée de l'agriculture; car ce n'est que
par ouï-dire qu'ils avaient eu connaissance du
pain.

Et voilà une grande preuve, que l'on ne peut
calquer la civilisation de l'Européen sur celle de
l'Africain; car celui-ci partant d'un autre point,
sa marche et son but ne peuvent être les mêmes.

Il est de plus évident que ce peuple devait habiter les pays d'Afrique les plus riches en or, puisque ce métal est chez lui le plus commun, et sert même de chaînes pour les prisonniers.

Bruce prend les Macrobiens pour une race des Shangalla, demeurant au-dessous du pays d'Or de Guba et de Nuba, sur les deux rives du Nil, au Nord de Fazukla (1). Il s'appuie surtout sur l'arc que le roi des Macrobiens envoya à Cambyse, en engageant ce roi à le tendre s'il en avait la force. «Ces peuples, dit-il, ont l'habitude d'entourer leurs arcs d'anneaux faits de la peau d'animaux féroces qu'ils ont tués, pour rendre les arcs plus raides et en quelque sorte inflexibles; puis ils les attachent à un arbre comme trophées de leur valeur; et c'est un tel arc que le roi éthiopien aurait envoyé à celui des Perses. »

Mais quelque plausible que paraisse cette autorité, je ne puis cependant pas accéder à l'opinion de cet écrivain; je crois plutôt qu'il faut placer les Macrobiens plus au Sud et dans une autre contrée. Les Shangalla dont il parle n'ont jamais habité des villes, et n'avaient pas le degré de civilisation attribué aux Macrobiens.

Hérodote nous donne trois indices pour reconnaître les demeures de ce peuple.

____

(1) Bruce, II, p. 554, etc.

Ils habitaient, dit-il, près de la mer Méridionale (1); ils étaient placés à l'extrémité de la
terre habitable; et Cambyse, au moment où il
retourna sur ses pas, n'avait pas fait la cinquième
partie du chemin qu'il avait à faire pour arriver
chez eux.

Si l'on prenait ces données, surtout la dernière, dans le sens le plus strict, les Macrobiens
demeureraient non-seulement près de la mer
des Indes, mais aussi dans le cœur des pays méridionaux (2).

Cependant la nature du récit d'Hérodote semble déceler qu'il donne dans le merveilleux ; et les
causes sont faciles à indiquer dès qu'on en connaît les sources. Celles - ci n'étaient autres que
celles d'où découlaient en général les notions
de Cambyse, c'est-à-dire, les récits des prêtres
égyptiens. Outre les raisons ordinaires qui faisaient embellir des narrations de cette espèce,
on ne doit pas oublier qu'il s'agissait d'un pays

----

(1) Ἐπὶ τῇ νοτίῃ θαλάσσῃ, c'est-à-dire de l'autre côté de l'entrée du golfe Arabique, près de la mer des Indes ; par conséquent pas au milieu du pays où les Shangalla étaient
établis.

(2) On ne saurait guère fixer, d'après Hérodote, jusqu'à
quel point, vers le Sud, Cambyse s'avança dans son expédition. Selon d'autres rapports, il aurait poussé jusqu'à
Méroé. (DIODORE, I, p. 38.)

aurifère, dont on ne voulait apparemment pas trahir la véritable position. L'étranger curieux de s'instruire n'apprenait par conséquent que ce qui était tradition populaire. Or, vouloir réduire une tradition de ce genre à sa juste valeur, est toujours une entreprise embarrassante; mais en présentant le vraisemblable seulement comme tel, on prévient du moins le reproche de vouloir donner ses conjectures pour des certitudes.

Déja la relation que, dans ce climat chaud et insalubre, il y avait un peuple dont l'âge surpassait le terme ordinaire de la vie, comme l'indiquait le nom de Macrobiens, aura de la peine à s'accréditer. D'un autre côté, il devait cependant y avoir une raison pour soutenir cette thèse. Bruce rapporte que, chez plusieurs peuples nomades de ces pays, règne la coutume de tuer les vieilles gens lorsqu'on ne peut pas les transporter plus loin (1); supposé donc que les Macrobiens ne fussent pas du nombre des peuples chez qui régnait cette coutume, ce qu'on peut bien présumer d'un peuple aussi civilisé, cette circons-

____

(1) BRUCE, II, 55o. Hérodote parle d'ailleurs d'une source miraculeuse dont le bain prolongeait la vie. Si les Éthiopiens habitaient un pays de montagnes, il n'y aurait rien d'étonnant qu'il s'y trouvât des sources minérales.

tánce et les vieillards que l'on voyait parmi eux
n'auraient-ils pas pu faire naître cette tradition?

Quant à leurs habitations, il me semble qu'il
faut seulement se fonder sur deux indications
d'Hérodote, c'est-à-dire qu'ils demeurent près de
la mer des Indes, et dans une contrée où il y a
beaucoup d'or, soit que la contrée même produisît ce métal, soit qu'elle n'en fût que le marché.

Ainsi, dans tous les cas, nous sommes ren-
voyés à un port en dehors du golfe Arabique,
sans savoir au juste lequel ce pouvait être. Cependant il est constant qu'il est question d'une
contrée où l'on ne cultivait pas de blé, et où
l'on ne vivait pas de pain mais de viande (1).

Quant à la narration de la Table du Soleil, elle
porte tellement le cachet du merveilleux, qu'on
sentira bien qu'elle ne peut être prise à la lettre.
Elle semble être un récit métaphorique fait par
des prêtres égyptiens, et dont on trouvera peut-
être la clef chez un auteur moderne (2).

Cosmas, qui porte le surnom du naviga-

―――――――――

(1) Le mépris du pain s'applique au pain fait dans ces
pays avec de la *durra* (du millet), qui se gâte en peu de temps
et finit alors par ne pas être mangeable. Lobo, *Reise nach
Abyssinien* (*Voyage en Abyssinie*), II, p. 33.

(2) Voyez, pour la suite, le Traité de M. Bothe *sur les
Macrobiens* dans *Deutsche Monatschrift* (journal périodique) *du mois de juillet* 1799, provoqué par la première

teur des Indes (1), et qui, s'il ne fut pas dans l'Inde, visita du moins l'Éthiopie, nous a conservé les données suivantes d'un commerce remarquable fait vers Sasou, contigu au pays de l'encens.

« Le pays de l'encens, dit-il, est situé à l'extrémité de l'Éthiopie (2), à cinquante journées derrière Axum, près de l'Océan, auquel il ne touche pourtant pas. Les habitants du Barbaria voisin (3),

---

édition de cet ouvrage. Il n'y a qu'un point où je ne suis point de l'avis de M. Bothe; il me semble qu'il se trompe en assignant aux Macrobiens pour demeure le pays de l'encens qui était un pays central, au lieu de le placer dans le pays littoral et aurifère de Sasou, lequel lui est contigu. Mais il résulte des paroles de Cosmas que le commerce dont il parle se dirigeait vers ce dernier pays; et cela seul établit la concordance avec Hérodote qui présente les Macrobiens comme un peuple de côtes. — Il est néanmoins de fait que ces contrées se touchaient, et le pays de l'encens n'était pas loin de la côte.

(1) Cosmas écrivit vers l'an 535. La meilleure édition de sa *Topographia christiana* se trouve dans MONTFAUCON, *Coll. nova Patrum*, T. II, p. 113, etc., à laquelle je me rapporte.

(2) COSMAS, p. 138, 139.

(3) Barbaria est, à la vérité, le nom générique de la côte orientale d'Afrique au-delà du golfe Arabique; Sasou est au contraire le nom d'un pays déterminé; mais nous montrerons ailleurs que Barbaria désigne ici un seul endroit du pays de Sasou.

ou de Sasou, vont y chercher l'encens et autres
parfums précieux pour les transporter par eau
dans l'Arabie Heureuse et dans l'Inde. Sasou est
très-riche en mines d'or. Tous les deux ans le roi
d'Axum (1) y envoie des gens pour faire le commerce de ce métal. Mais à eux se joignent encore
beaucoup d'autres marchands, de manière qu'ils
forment une caravane de cinq cents personnes
et au-delà. Mais ils y conduisent des bœufs (2),
du sel et du fer. Une fois arrivés aux frontières
du pays, ils s'y établissent et forment un grand
retranchement de broussailles (3).

« En dedans de ces retranchements, ils tuent
les bœufs, les coupent par morceaux qu'ils étendent, ainsi que le fer et le sel, sur les ronces.
Viennent ensuite les habitants, qui mettent une
ou plusieurs pièces d'or sur les marchandises,
et attendent en dehors que le marché s'accom-
plisse. Les propriétaires de la viande ou des autres objets examinent si le prix leur convient

---

(1) C'est-à-dire d'Abyssinie, dont Axum était la capitale.

(2) Aujourd'hui encore les Agows paient en grande partie leur tribut en bœufs (BRUCE, III, p. 773); car, dans ces
régions, le chameau disparaît et les bœufs servent d'ordinaire de bêtes de somme.

(3) Cela répond entièrement aux localités. Des broussailles, surtout de l'arbuste appelé *Kantuffa*, sont ici les
retranchements les plus impénétrables. BRUCE, II, p. 443.

ou non. Dans le premier cas, ils prennent l'or, et les naturels du pays emportent les marchandises; dans le cas contraire, l'indigène ajoute encore de l'or ou bien reprend la somme offerte. Tel est le commerce dans ces régions, vu qu'on y parle plusieurs langues et qu'il n'y a point d'interprètes; il dure environ cinq jours, jusqu'à ce que les marchandises apportées soient vendues. »

La vérité de ce récit est confirmée par tant d'indices matériels qu'on ne peut guère la révoquer en doute. Mais pour l'appliquer à la narration d'Hérodote, deux questions demandent d'abord à être résolues : Où était le pays de Sasou? et jusqu'à quel point sommes-nous autorisés à rapporter ce que Cosmas raconte de son temps à celui d'Hérodote?

Quant à la position topographique de Sasou, nous avons des indications suffisantes. Le pays d'encens, en Afrique, commence, selon Bruce (1), près de Babelmandeb, et s'étend à l'Est jusqu'au cap Gardefan, c'est-à-dire occupe une partie d'Adel ou de Zeila. La distance d'Axum, fixée par Cosmas à cinquante journées, est ici parfaitement en harmonie (2). Comme ce pays

_____

(1) Bruce, I, p. 356; voyez sa carte.
(2) Si l'on admet avec Cosmas que la distance d'Alexan-

touche à Sasou, lequel donne sur la mer, il en résulte que celui-ci forme une partie de la côte, et renferme par conséquent un ou même plusieurs ports qui servaient de points de départ au commerce maritime.

Ceci n'avait pas seulement lieu autrefois, mais a encore lieu aujourd'hui, comme nous l'apprennent les renseignements exacts recueillis a Mocha, par le dernier voyageur, lord Valentia (1).

La côte de Babelmandeb jusqu'à Gardefan est habitée par les Samalis, peuple noir aux cheveux laineux, mais qui n'est ni tout-à-fait Nègre, ni Arabe. Ce ne sont point des sauvages, comme les dépeint Bruce, mais des gens fort doux et pacifiques. Leur pays est l'entrepôt naturel des trafiquants entre l'Afrique et l'Arabie, où se tiennent les grands marchés.

De la gomme, des myrrhes et de l'encens, ainsi que des esclaves et du bétail, sont les objets

---

drie à Axum est de soixante journées, on trouvera qu'en suivant la même échelle, Axum est à environ cinquante journées de Gardefan.

(1) VALENTIA, *Travels*, II, p. 370—378. Ce voyageur vit lui-même plusieurs Samalis à Mocha. De leur pays, dit-il, on aura le plus de facilité d'entrer de l'Est dans le cœur de l'Afrique.

de l'exportation pour lesquels, y compris l'or
et l'ivoire, on échange les produits de l'Arabie et
de l'Inde (1). Les princes de l'intérieur, et avant
tout le souverain de Hanim, à vingt journées
vers le Couchant, y envoient de nombreuses
caravanes pour acheter ces marchandises. Leur
principal marché est à Berberah (2), et dure
depuis le mois d'octobre jusqu'au mois d'avril.
L'encens vient particulièrement dans le voisinage du cap Gardefan, et le plus grand port
d'exportation est celui de Bunder Kassim, près
du cap Félix. Les Samalis portent ces marchandises dans leurs propres vaisseaux à Aden; car
ils ont introduit chez eux une loi de navigation,
et ne souffrent pas de vaisseaux arabes.

La position d'Aden, en dehors de la route,
où l'on peut employer les deux moussons, facilite beaucoup le trajet. Le bénéfice de ce trafic,
quoique les marchands n'avouent que cinquante
du cent, est bien plus considérable. Si le débit
n'était pas restreint par les douanes et les entraves que lui suscitent les gouvernements, il

---

(1) Valentia donne le tarif des prix et le tableau de
l'exportation et de l'importation annuelle.

(2) La carte de Rennel marque ce lieu sous le nom de
Borbora; celle de Sotzmann désigne cet endroit à tort
comme une île.

serait immense. Et n'y aurait-il pas eu un temps
où il le fût en effet?

Ce commerce a duré un millier d'années sans
que les révolutions religieuses et politiques aient
pu l'anéantir ; car la nature elle-même a désigné
le pays où il se fait, comme l'entrepôt des produits de deux continents. Mais qu'est-ce qui nous
donne le droit d'appliquer le récit de Cosmas au
temps d'Hérodote? c'est sans doute la conjecture
seule que ce commerce était déja très-ancien,
et antérieur de dix siècles à Cosmas. Cette conjecture ne blesse nullement la vraisemblance,
ce dont il faut convenir lorsqu'on connaît la
nature de ce négoce, ainsi que la stabilité des
routes commerciales de l'Afrique. Mais ce qui
vient à l'appui de cette conjecture, c'est que le
trafic d'encens et de parfums dans ces contrées,
comme le montre déja le voisinage de l'Arabie
Heureuse, fait partie des plus anciennes branches
de commerce, et que, deux siècles après Hérodote, le nom du pays de Sasou est déja arrivé
à une grande renommée ; car dans l'inscription
célèbre d'Adule (1) que ce même Cosmas a co-

____

(1) Cette inscription était, comme on sait, un monument
que Ptolémée III éleva à Adule, en souvenir de ses conquêtes. Il y est dit que Ptolémée s'était avancé ἀπὸ δύσεως
μέχρι τῶν τῆς Αἰθιοπίας καὶ Σάσου τόπων. Au lieu de μέχρι

piée et conservée, Sasou est cité comme le point
le plus oriental de l'Éthiopie jusqu'où ce roi
avait étendu ses conquêtes.

Si nous pouvons admettre que les Macrobiens
d'Hérodote sont à placer dans ce pays, sur les
côtes, ou dans un des ports d'Aden, près du cap
Gardefan, par conséquent dans le pays des Samalis ou de leurs descendants; enfin, s'il nous
est permis d'appliquer le récit de Cosmas aux Macrobiens, presque toutes les obscurités de la
narration s'expliquent pour ainsi dire d'elles-
mêmes.

L'autel du Soleil est le marché où se fait
le commerce avec les étrangers. Si presque
toutes les affaires commerciales en Afrique sont
traitées sous la protection de sanctuaires et de
temples, on dut aussi attacher des idées religieuses à ce marché dont dépendait probablement l'existence des habitants.

Ce genre de commerce tacite n'a rien qui
puisse nous surprendre. Nous en avons déja vu
le pendant sur la côte occidentale de l'Afrique(1).

τῶν, je lis : μέχρι ἐσχάτων, « jusqu'aux extrémités de l'Éthiopie
« et de Sasou. »

L'opinion de M. Salt (VALENTIA, *Travels*, III, 192), d'a-
près laquelle la moitié seule de l'inscription appartiendrait
à Ptolémée, demande encore une recherche particulière.

(1) Voyez p. 198 du 4ᵉ volume de cet ouvrage.

Les mêmes causes curent ici les mêmes effets.
S'il est dit que les magistrats du peuple dépo-
saient la nuit la viande, et que le jour en
prenait qui voulait; si les indigènes au contraire rapportaient que la terre en ce lieu en produisait toujours, cela s'explique encore naturellement. Un commerce aussi important se faisait
sous la surveillance publique; chacun prenait
ce qu'il voulait, mais sans doute en échange
d'un paiement; et comme les vendeurs venaient
d'un pays lointain et ne se montraient pas pendant les transactions, une telle croyance populaire pouvait facilement s'accréditer.

Il faut entendre, je crois, par viande cuite
dont parle Hérodote, la viande séchée (1),
moyen ordinaire de la conserver dans ces lieux.

L'abondance d'or s'explique sans peine, soit
parce que le pays en produisait, soit parce qu'il
s'y entassait au moyen du commerce. Les présents
du roi de Perse qui leur envoya des colliers et
des bracelets d'or et des myrrhes, précisément des
objets qu'ils avaient en grande quantité, semblent avoir été une raillerie que le roi des Macrobiens reçut fort mal, et à laquelle il répondit

---

(1) Nous savons par Bruce et d'autres voyageurs, que la
chair de chameau séchée est un des mets les plus recher-
chés dans les expéditions de caravanes.

de même. L'usage de suspendre des arcs à des arbres, comme nous le rapporte Bruce, n'est pas seulement propre aux Sangalla, mais peut aussi avoir pénétré jusque chez leurs voisins.

Ce que l'on dit des chaînes d'or est peut-être une fable ; mais la rareté de l'airain et du fer dans ces contrées est un fait bien avéré. Ceci est confirmé par le récit de Cosmas, qui soutient que le fer était une des marchandises apportées par les caravanes pour être échangées contre de l'or (1).

Lors même que ces explications resteraient jusqu'à un certain point conjecturales, elles fournissent du moins un exemple, combien des données empreintes d'un cachet fabuleux peuvent être instructives, et comment l'enveloppe du merveilleux disparaît dès qu'on envisage ces traditions d'après l'esprit des peuples et des pays d'où elles découlent (2). Mais ce qui est très-remarquable et réclame particulièrement notre attention, c'est que Cambyse put

---

(1) Voilà ce que Cosmas dit dans les interprétations dé l'inscription d'Adule. Il ajoute que l'or y est appelé *Tamcharas*.

(2) On me permettra de présenter encore une conjecture relativement à la beauté et à la taille supérieure si vantée des Macrobiens et d'autres peuples éthiopiens. Cette tradition ne viendrait-elle pas des marchands d'esclaves qui exaltaient surtout ces tribus ou d'autres ?

choisir ses espions parmi les Ichtyophages égyptiens; puisque ceux-ci parlaient la langue des
Éthiopiens.

Les Ichtyophages doivent leur nom à leur
nourriture, qui consiste en poissons; ce qui fait
qu'il ne faut pas nous étonner de rencontrer des
peuples désignés sous cette dénomination, non-
seulement en Afrique, mais aussi sur les côtes
de l'Arabie et de la Perse. Quant aux Ichtyophages africains, placés le long du golfe Arabique, Diodore nous en a conservé quelques
données. Ils étaient proprement aussi Troglodytes, et n'en différaient que par leur nourriture
et leur vie sujette à plusieurs particularités, que
l'on peut considérer comme propres à enrichir
le domaine de la physiologie (1).

Du reste, ils confirment l'observation généralement reconnue dans l'histoire de l'humanité,

---

(1) Diodore dit qu'ils ne boivent que tous les quatre
jours, se rendant par bandes auprès de la source et qu'ils
emplissent leur corps au point de ne pas pouvoir remuer au
premier abord. La crainte de l'ennemi pouvait enfanter cette
coutume. Il cite d'autres tribus qui sont tout-à-fait abru-
ties et insensibles à toutes questions et menaces (DIODORE,
I, p. 184—186). Bruce (III, 73) remarqua la même chose
parmi ces sauvages. Azara a recueilli des faits encore bien plus
surprenants chez les peuples placés autour du fleuve Plata.

que les peuples ichtyophages se trouvent placés sur le dernier degré de la civilisation. Vrais
sauvages, ils ne connaissent aucun lien de famille, n'ont pour toute demeure que des cavernes et des grottes, ne possèdent même pas
les objets nécessaires à la pêche, et se contentent des poissons jetés sur le sable par le
reflux; cependant ils savent préparer leur chair
en la battant et en la mélangeant avec une certaine semence, de manière à en pouvoir faire
des provisions.

Sans avoir recueilli dans les derniers temps
des renseignements sur leur genre de vie, Bruce
nous apprend néanmoins que les habitants de
ces contrées sont des malheureux sauvages qui
vont tout nus. Cependant s'ils l'avaient été tous
sans exception, il serait difficile de répondre à
la question : Comment il se fait que Cambyse
ait choisi ses espions précisément parmi eux? Mais
dans la relation même d'Hérodote, une circonstance doit nous porter à d'autres idées. « Cambyse, dit-il, fit venir les Ichtyophages d'Éléphantine de la Haute-Égypte. Il y en avait donc
qui vivaient dans la Haute-Égypte. De plus, la mission que Cambyse leur donna, leur connaissance
du pays et du langage des Éthiopiens, font bien
présumer qu'ils appartenaient aux tribus am-
bulantes par lesquelles se faisait le commerce

entre l'Égypte et l'Éthiopie, et parmi lesquelles
se formaient les caravanes allant d'un pays à
l'autre (1).

De l'Égypte chez les Macrobiens on ne pouvait guère voyager autrement qu'en caravanes,
et il est probable que ces hommes devaient avoir
déja fait ce chemin, puisqu'ils entendaient le
langage des naturels du pays Tout en changeant
de vie, le nom d'Ichtyophages avait bien pu leur
rester, comme cela est arrivé dans tant d'autres
circonstances. Faisaient-ils peut-être partie des
Abadès, dont les demeures s'étendaient jusque
vers ces contrées, et lesquels, depuis un temps
immémorial, servaient de conducteurs de marchandises? Je m'abstiens à ce sujet de toute autre
observation; mais ce que nous venons de dire
prouve du moins que le bruit des pays aurifères
n'avait pas seulement pénétré jusqu'en Égypte,
mais qu'il existait déja dans la haute antiquité
un commerce entre ce pays et l'Éthiopie.

Je ne puis terminer ces recherches sans comparer la relation d'Hérodote avec l'oracle du
plus sublime des poëtes hébreux. Isaïe en pro-
mettant à son peuple le commerce de l'Égypte

____

(1) Hérodote ne dit pas quel était le nombre des Ichtyophages envoyés en Éthiopie ; il se peut donc fort bien qu'ils
aient formé une petite caravane.

et de la Mauritanie, ajoute : « Ainsi que des hommes de Seba, à la taille élevée (1). » Cés derniers me semblent être évidemment les Macrobiens exploitant le commerce d'encens. Hérodote aussi cité leur taille élevée; et il ne les appelle pas seulement les hommes parvenant à la plus longue durée de la vie, mais aussi les hommes de la plus haute taille; chose à laquelle ils attachaient un tel prix que, selon lui, celui de leurs concitoyens qui était le plus grand, était proclamé roi.

Seba est synonyme de Saba (2) situé à l'entrée du golfe Arabique sur la côte d'Afrique. Ainsi dans les mêmes contrées où nous avons trouvé la demeure des Macrobiens, le prophète cite expressément des peuples commerçants ; les Éthiopiens, les habitants de Méroé et les Sabéens d'Afrique, qui faisaient le commerce d'encens.

J'aime à espérer que ces recherches, en éclaircissant et confirmant plusieurs points de nos écritures saintes, réussiront à inspirer un plus haut intérêt qu'elles ne l'auraient fait sans cela.

---

(1) Isaïe, XLV, 14.

(2) C'est l'Azab de Bruce. Voyez Gesenius, *Comment. ad Isaïam.* Il traduit : « La richesse des Sabéens à la taille élevée. »

CHAPITRE II.

L'ÉTAT DE MÉROÉ ET SES MONUMENTS.

« Qu'ils marchent les héros, les Maures qui savent manier le bouclier (1). »

Les peuples éthiopiens dont nous avons parlé dans le chapitre précédent, étaient encore fort peu avancés dans la civilisation. Cependant parmi leurs diverses tribus il y avait une différence sensible d'instruction. Nous avons déja rencontré ces premières gradations depuis les hommes tout-à-fait sauvages, tels que les vit Hannon, auxquels les singes pouvaient disputer le rang, jusqu'aux peuples chasseurs et pêcheurs, et de là encore aux pasteurs nomades; mais nous n'avons pas encore trouvé de nation qui, ayant des demeures fixes, eût formé un grand état bien organisé. Il est cependant avéré qu'une tribu éthiopienne arriva à une haute civilisation; qu'elle habita

----

(1) Jérémie, XLVI, 9.

des villes, éleva des temples et de grands édifices; posséda, sinon une écriture de caractères,
du moins d'hiéroglyphes; connut des institutions
politiques et des lois, répandit de très-bonne
heure la renommée de ses lumières sur une
grande partie de la terre, et donna-enfin naissance à l'état de Méroé.

Déja, depuis un temps immémorial, le nom
de Méroé retentissait jusqu'à nous, mais toujours
d'un lointain bien obscur. Il fut réservé au xix^e
siècle, grâce aux entreprises hardies de Burkhardt
et surtout de Caillaud, de soulever le voile mystérieux qui couvrait cet état. Mais ce ne fut pas
Méroé seul qui sortit des ténèbres; il parut avec
lui un nouveau monde d'antiquités dont jusqu'a-
lors on n'avait pas même soupçonné l'existence.
Les limites méridionales de l'Égypte avec les
dernières cataractes du Nil avaient été considé-
rées jusqu'alors comme les bornes assignées à
l'art antique et à la civilisation ancienne. On
poussa maintenant plus avant, sur le Nil et
dans son voisinage (car Bruce et ses devanciers avaient préféré le chemin par le désert
de la Nubie), et on découvrit cette chaîne de
monuments qui excitèrent depuis l'admiration
de tous les antiquaires, non-seulement par
leur nombre, mais par leurs formes grandioses. Un temple succédait à l'autre, ou sur

terre, ou sous terre ; en quittant un monument on en apercevait déja un autre ; des colosses, encombrés de sable jusqu'aux épaules,
s'élevaient encore par-dessus, et décelaient les
constructions gigantesques qu'ils dérobaient aux
regards.

On avança toujours, et on vit paraître des
groupes entiers de pyramides parsemés de temples à perte de vue ; des débris de villes, et enfin ceux de Méroé dans le lointain ; et le désir
que nous avions osé former, se trouva accompli,
l'ancien temple de Jupiter Ammon était encore
à sa place !

Nous essaierons de donner à nos lecteurs un
aperçu critique de ces monuments, non en les
énumérant minutieusement, mais en faisant ressortir les plus importants, surtout ceux qui se
déroulent déja devant nous dans les ouvrages de
Gau et de Caillaud. Heureusement nous ne sommes pas obligés de nous en former une opinion
sur des dessins ébauchés à la hâte ; les copies
sont faites sans enjolivements, les plans et les
dessins sont tracés avec exactitude. Mais auparavant il faudra faire précéder ce travail de quelques recherches géographiques.

Tous les monuments dont nous allons nous
occuper, se trouvent dans l'enceinte de la vallée
du Nil, ou immédiatement près du fleuve, ou à

une faible distance. Le Nil coule aussi au-dessus
de l'Égypte jusque dans la contrée où il reçoit
l'Astaboras, dans une vallée enfermée de deux
côtés d'une chaîne de collines, qui tantôt se
retire, tantôt s'approche et s'avance quelquefois
même jusqu'au fleuve.

Le cours du Nil ne put donc jamais subir de
grands changements, abstraction faite de ses
petites sinuosités dans l'enceinte de la vallée.
On ne saurait douter que le sol de cette vallée et
de celle du Nil en-deçà de l'Égypte ne fût très-
fertile, puisqu'il l'est encore dans les endroits où
il a pu conserver sa première nature.

Cela explique comment cette vallée a pu jadis
offrir le tableau d'une culture féconde et d'une
population considérable établie dans une longue
chaîne de villes. Mais à ces collines succèdent
des déserts; du côté oriental s'étend la région
de Nubie, et du côté occidental la grande région sablonneuse qui traverse l'Afrique. Le sable
était ici un adversaire plus dangereux qu'en
Égypte; le terrain y étant moins élevé, on était
moins garanti de ce fléau destructeur, qui ne
pénétra pas seulement dans la vallée, mais qui
enveloppa aussi les monuments. Et comment le
lit du fleuve même n'aurait-il pas subi en certains endroits des changements, lorsque plu-

sieurs bras étaient fondus en un seul, et de petites îles jointes au continent?

Il est certain que la vallée du Nil présentait autrefois un tout autre aspect; on y trouve encore les traces d'anciens canaux construits pour arroser le terrain (1).

Cependant le fleuve se détourne de la ligne droite, et, en pénétrant à l'Ouest plus dans le cœur de la Libye, il forme depuis le 19e au 23e degré un golfe occupé par le désert de la Nubie. Mais il reprend bientôt la direction de l'Est, et poursuit sans interruption son cours au Nord par la Nubie comme par l'Égypte.

Nous devons encore à Hérodote les premières données sur le cours du Nil au-dessus de l'É-gypte. Il les recueillit probablement à Thèbes ou à Éléphantine, car il n'est pas allé plus loin (2). Il ne parle donc pas comme témoin oculaire, mais, comme il l'avoue lui-même, selon les relations d'autrui. Il se montre aussi scrupuleux que véridique, quoique quelques faibles déviations de l'état actuel semblent confirmer ce que nous avons dit des changements que subit ce fleuve. Mais laissons parler Hérodote.

---

(1) Burkhardt; *Travels*, p. 14.
(2) Hérodote, II, 29.

« Au-dessus d'Éléphantine, la pente du fleuve est si rapide, qu'on ne peut avancer qu'en tirant la barque des deux côtés par une corde, comme on en use pour les bœufs; et si cette corde vient à manquer, la barque est sur-le-champ entraînée par la force du courant. On met quatre jours de navigation à franchir ce passage. Le Nil fait en cet endroit autant de sinuosités que le Méandre, et l'on parcourt de la sorte douze schœnes (environ trente lieues). On entre ensuite dans une plaine unie au milieu de laquelle le fleuve embrasse une île que l'on nomme *Tachompso ;* et, quoique ce soient des Éthiopiens qui habitent le pays situé au-dessus d'Éléphantine, cette île est occupée moitié par des Égyptiens, et moitié par des Éthiopiens. Il y a aux environs un grand lac bordé par les habitations des Éthiopiens nomades. Après l'avoir traversé, on retrouve le courant du Nil qui se jette dans ce lac; mais on est obligé, à partir de là, de longer le fleuve par terre pendant quarante jours, car le Nil se trouve dans ce long trajet tellement embarrassé de rochers pointus et d'écueils, qu'il cesse d'être navigable. — Au bout de ces quarante jours de marche, on prend une autre barque, et après une navigation de douze jours, on arrive à une grande ville qui se nomme *Méroé.* »

V.   5

En comparant ces renseignements d'Hérodote avec ceux des derniers voyageurs, il en résulte que rien ne changea de ce qui, selon sa nature, ne pouvait changer, comme les écueils et les aqueducs; tandis que le reste semble en effet avoir éprouvé quelques modifications. Parmi les modernes, un Danois nommé Norden essaya le premier de naviguer sur le Nil au-dessus de l'Égypte, et d'en présenter le cours sur des cartes, qui entrent encore aujourd'hui le plus dans les détails, mais qui s'arrêtent à Derry ou Deir, terme de son voyage (1). Vint ensuite Burkhardt (2), qui alla la première fois, sinon sur le Nil, mais le long de ce fleuve jusqu'aux frontières de Dougla. (La seconde fois il traversa le désert de la Nubie.)

Le voyage de Legh (3) et sa carte ne s'étendent que jusqu'à la deuxième cataracte, où s'arrête aussi l'excellent ouvrage de Gau (4).

---

(1) *Voyage d'Égypte et de Nubie, par* Fr. L. NORDEN; *nouvelle édition, par Langlès.* Paris, 1795. (La première édition parut en 1752.)

(2) BURKHARDT, *Travels in Nubia.* London, 1819.

(3) *Narrative of a Journey in Egypt and the countries beyond the cataracts, by* Th. LEGH. *Esq.* London, 1816.

(4) *Antiquités de la Nubie, par* F. C. GAU. Paris, 1824, en 12 livraisons.

Il en est de même des indications parfaites que donne à ce sujet le Polonais Senkowski (1).

Les Anglais Waddington et Hanbury (2) ont tracé le cours du Nil au-dessus de la seconde cataracte, de Wadan-Halfa jusqu'à la frontière de Sennaar où l'ancienne Méroé ; quant aux contrées supérieures, Bruce, Burkhardt, mais surtout Caillaud (3), nous servent de sources.

Les sinuosités du fleuve au-delà de Syène sont marquées dans la carte xxiv de Norden. Tout en serpentant, le Nil ne s'écarte pas trop ici de la ligne tracée. Le courant est d'une telle impétuosité que Norden dut souvent faire tirer sa barque (4). Voilà ce que remarque aussi Legh (5). C'est surtout du côté de Kalabsché, où le torrent se rétrécit presque jusqu'à trente pas, que la traversée devient très-difficile.

---

(1) *Fragment d'un journal inédit du voyage par la Nubie et l'Éthiopie septentrionale*, fait par Jean de SENKOWSKY en 1819, dans les *Éphémérides géographiques*, XI, 1822.

(2) *Voyage dans différentes contrées de l'Éthiopie*, par G. WADDINGTON, *esq.*, *et* B. HANBURY ; traduit de l'anglais. 1823.

(3) CAILLAUD, *Voyage à Méroé, au fleuve Blanc*, etc.

(4) NORDEN, t. III, p. 47.

(5) LEGH, p. 61.

Le voyage jusqu'à l'île Tachompso comprend, selon Hérodote, douze schœnes, que l'on fait en quatre jours. En naviguant contre le torrent, on ne peut qu'aller par petites journées. L'île Tachompso est peut-être l'île Kalabsché, ou bien une autre qui, à environ sept lieues au-delà, se trouve en face de Girscheh.

Le fleuve a plusieurs îles qui demandent à être déterminées plus exactement; mais le point difficile est de trouver le lac que le fleuve est censé traverser. Car le Nil a beau étendre ou resserrer son cours, on ne découvre nulle part la trace d'un lac. Hérodote fut-il donc mal instruit, ou bien le pays a-t-il changé de nature, et un ancien lac a-t-il été encombré par le sable?

Nous ne saurions nous décider à cet égard. Cependant nous ferons observer qu'au moment des inondations annuelles, le Nil offre dans diverses contrées l'aspect d'un lac où les chaînes de montagnes reculent un peu, et où ses eaux couvrent toute la vallée. La navigation sur le fleuve ne rencontre alors aucun obstacle jusqu'aux secondes cascades qui, selon toutes les données, se trouvent près de Wadi-Halfa par 21° 5o'. Elles ne sont pas plus élevées que celles qu'on rencontre près d'Assuan. Nous devons à Gau la copie des unes et des autres (1), et à Hanbury leur description (2). Au-dessus de cette deuxième cataracte le lit du Nil est souvent coupé par des bancs de rochers qui forment des cascades, dont Senkowsky compte cinq (3); la troisième cataracte est près de Wadi-Attyr; la quatrième près de Wadi-Ambigo; la cinquième, par 21°, près de Wadi-Lamulé, au-dessus de laquelle Burkhardt cite encore deux autres, la dernière à la frontière septentrionale de l'empire Dongola, par 19° 30', jusqu'où la navigation du fleuve lui semble interrompue; mais, selon Caillaud, elle le serait jusqu'à Merawé, où commencent les grandes cascades sur une étendue de quarante-cinq lieues (4). Les écrivains arabes (5) placent la première cataracte en Nubie, près de Bakin, à dix journées au-dessus d'Assuan, laquelle est la même que celle de Wadi-Halfa; la

---

(1) GAU, pl. I.
(2) HANBURY, p. 6.
(3) SENKOWSKI, l. c.
(4) Voyez la carte de CAILLAUD.
(5) QUATREMÈRE, *Mémoire sur l'Égypte*, p. 7, etc. Voyez le *Mémoire sur la Nubie* extrait de manuscrits arabes. Les écrivains de cette nation ne semblent regarder toutes les cataractes énumérées par Senkowsky que comme une seule.

deuxième près de l'île Saï, par 20° 30', et la dernière près du fort Astenum.

On ne peut guère s'attendre à une grande exactitude dans l'énumération de ces cascades, car le lit du fleuve est en général rocailleux, et l'on prend facilement deux cascades pour une.

Au - dessus de la frontière septentrionale de Dongola, la nature du pays change. Les chaînes de montagnes reculent davantage. Le Nil, d'abord resserré dans un lit étroit, s'élargit et se divise en beaucoup de bras qui renferment une foule d'îles fertiles. Celles-ci sont ornées de bois de palmiers, de vignes, et de prairies couvertes de nombreux troupeaux, parmi lesquels se distinguent surtout les chameaux (1). On fit de semblables descriptions aux voyageurs les plus modernes : ils y trouveraient, leur disait-on, tout en abondance (2). Mais malheureusement ces espérances ne se réalisèrent pas ; il faut, je crois, en attribuer la cause aux dévastations faites en ce temps par les armées du pacha d'Égypte, Ismael.

Voilà que nous touchons presque au point où l'Astaboras, autrement dit Tacazzé, se joint

---

(1) C'est là cette foule d'îles dont parle Diodore (I, p. 38).
(2) HANBURY, p. 4.

au Nil, c'est-à-dire, comme nous le verrons plus tard, à l'endroit où commence l'ancienne île de Méroé.

Il est temps de nous y arrêter, et avant d'entrer à Méroé, de nous familiariser avec les monuments de la vallée du Nil, que nous désignerons par le nom de nubiens. D'ailleurs la nature des monuments exige cette démarcation, car ce n'est que devant Méroé et dans cette ville que l'on voit s'élever des pyramides, dont la Nubie n'offre aucun vestige.

Les deux rives de la vallée du Nil étaient jadis garnies de villes et de bourgs; Pline nous en cite les noms de plus de vingt de chaque côté (1). Mais voilà à quoi se réduit toute sa science; car déja de son temps, à ce qu'il rapporte, il n'existait plus une seule de ces villes qui avaient été détruites, non pas dans les guerres des Romains, mais bien avant, à l'occasion des combats soutenus par les Égyptiens contre les Éthiopiens. C'étaient donc apparemment des cités très-anciennes; ce qui fait remonter la forte population de la vallée supérieure du Nil aux temps des Pharaons. Ce qui est certain, c'est qu'il ne faut pas nous figurer ces villes comme brillantes.   -,

---

(1) PLINE, *Hist. natur.*, VI, 35.

La grande architecture se bornait ici comme
en Égypte aux édifices publics; le Nubien vit le
jour presque toujours en plein air; sa demeure
n'est pour lui guère plus qu'un gîte de nuit;
car un abri contre la pluie, pour ainsi dire in-
connue en ces lieux, ne lui est pas nécessaire.
Il ne faut donc pas s'étonner que ces villes, construites légèrement, disparurent de la terre ou
se transformèrent en villages composés de ca-
banes. On retrouve néanmoins l'ancienne Parem-
bole dans le Debus moderne; le nom de Taphis
s'est conservé dans celui de Tafa; Kalabsché est
l'ancien Talmis; Pselcis le Dakke moderne;
Metacompso le Kobban actuel; plus au Sud
est Primis, aujourd'hui Ibrim; toutes ces villes
sont encore en-deçà de la première cataracte
nubienne.

Si les demeures des mortels disparurent, celles
des immortels bravèrent le temps. La chaîne de
temples des deux côtés du fleuve recommence
bientôt au-dessus des cataractes égyptiennes. Le
premier que l'on-aperçoit est celui de Debus, à
quatre lieues au-dessus de Philæ, sur le côté
gauche du Nil; à une-distance égale on rencontre
les temples de Cardassi, et à une lieue et demie
de là ceux de Tafa. Viennent ensuite, après le
même intervalle, les deux temples de Kalabsché,
l'un sur terre, l'autre taillé dans le roc. On voit

à trois lieues de là le temple de Dandour, et à la même distance ceux de Girscheh, tant sur terre que sous terre. On fait encore trois lieues et on arrive au temple de Dekkeh; trois lieues plus loin on aperçoit celui de Maharraga; à cinq lieues de là celui de Sebua, moitié au-dessus, moitié au-dessous de la terre. Encore huit lieues, et on parvient au temple de Derri sur le côté droit. A seize lieues de là s'avancent les grottes-temples d'Ipsamboul avec leurs colosses, placés à treize lieues au-dessous de la deuxième ou première cataracte nubienne de Wadi-Halfa, où s'élève un autre temple. C'est ici que cette chaîne de monuments souffre une interruption; ce n'est qu'à quarante-deux lieues au-delà, au-dessous de l'île Sai, que l'on découvre un autre grand temple; huit lieues plus loin, on tombe sur celui de Soleb, que Burkhardt prit pour le temple d'Égypte le plus méridional. La chaîne finit ici à la vérité pour quelque temps, mais elle reprend aux frontières de l'ancienne Méroé. Car, après avoir parcouru cinquante-huit lieues, on voit paraître près de Mérawé et de la montagne voisine de Berkal, avec les temples, les groupes de pyramides.

Après un nouveau trajet de soixante-huit lieues, on arrive à l'endroit où le Nil se joint à l'Astoboras; de l'autre côté de ce fleuve on entre dans l'île de Méroé, d'où il reste encore vingt-cinq lieues à faire pour atteindre les temples et les pyramides en ruine de l'ancienne ville de Méroé, dont je déterminerai ailleurs la position.

En essayant maintenant de donner mes études sur les monuments les plus importants comme les copies nous les présentent, un judicieux lecteur ne devra pas s'attendre à des descriptions détaillées, qui d'ailleurs ne sauraient être comprises sans la vue même de ces copies. Au contraire, en m'arrêtant de préférence à quelques monuments, je recueillerai assez de matières pour les remarques générales que je me propose de faire succéder à ces recherches.

Le monument de Debus, premier village que l'on aperçoit au-delà de la cataracte, sur la rive gauche du Nil, est un temple construit et décoré tout-à-fait dans le style égyptien (1). Ce n'est point un des plus grands ni des plus anciens, et il ne semble même pas avoir été achevé. Dans le sanctuaire il y a deux monolithes en granit avec des niches, probablement pour y conserver quelques animaux sacrés. Les sculptures des parois dénotent que le temple était consacré au dieu Ammon, car elles contiennent

---

(1) Gau, pl. I—V.

des libations et des présents offerts à cette divinité et à sa famille.

Les temples de Cardasse (1) et de Taffa (2)
ont laissé trop peu de débris pour qu'on puisse
en dire beaucoup sur leur compte. Eux aussi
sont tout-à-fait dans le style égyptien, et sont
du nombre des plus petits. Néanmoins, lorsque
le monument de Cardasse était debout, il devait
présenter l'aspect le plus imposant, à en juger
par la copie de M. Gau, qui a cherché à le re-
construire d'après les ruines encore existantes.

Mais d'une bien plus grande importance sont
les monuments conservés près de Kalabsché (3).
Il y en a deux, l'un au-dessus, l'autre au-dessous de la terre. Le premier, sur la rive gauche
du Nil, est de moyenne grandeur et dans le
style égyptien. On entre par des pylones élevés
dans un péristyle ouvert, où plusieurs colonnes
sont encore debout, et que Gau a copiées (4);
de là on passe dans un portique couvert, et
par deux salles plus petites on pénètre dans le
sanctuaire. Ce qui rend ce monument intéressant
ce sont les reliefs dont ses parois sont ornées.

____

(1) Gau, pl. VII.—IX.
(2) *Ibid.*, pl. X, XI.
(3) *Ibid.*, pl. XII.—XXI.
(4) *Ibid.*, pl. XIX.

Ces reliefs sont peints, et un d'entre eux a été copié avec ses couleurs (1). Dessus figurent des offrandes présentées au dieu Ammon et aux dieux secondaires, probablement par le roi, car sa tête est ornée de l'*ureus*, petit serpent saillant, et symbole de la domination. Ce qu'il y a de curieux ici, c'est le coloris. Pour les offrants, la couleur est toujours rouge, comme aussi dans d'autres occasions ; mais pour les divinités, verte, bleue, grise, violette et jaune. Sur tous les monuments en style égyptien, la couleur des hommes est rouge, celle des femmes, jaune. D'après nos notions actuelles, nous sommes donc autorisés de considérer les autres couleurs bigarrées comme appartenant seulement aux divinités.

Mais le second relief offre encore plus d'intérêt. Il contient aussi, à la vérité, des offrandes aux dieux, mais elles sont suivies de la purification et de la consécration de celui qui fait l'offrande (2). Cela me porte à croire que le tout représente une suite de sujets qui s'accordent entre eux. Sur le premier champ, une offrande contenue dans un vase, probablement des dattes,

---

(1) Gau, pl. XXI.
(2) *Ibid.*, pl. XXII.

présentée à Ammon (qui n'a point de tête de bélier, mais des cornes sur sa coiffe); à Isis qui se trouve derrière lui, et au dieu à la tête d'épervier. La seconde offrande, destinée à la déesse seule, paraît se composer de plumes d'autruche; la troisième, d'encens dans un vase consacré au dieu Ammon; la quatrième enfin, d'un vase renfermant un objet qui a la forme d'un œil. A ces offrandes succède la purification dans le cinquième champ. Deux prêtres arrosent d'eau celui qui doit être ordonné; dans le sixième champ il a déja la coiffe sacerdotale et se trouve placé entre deux prêtresses qui, en lui posant une main sur l'épaule, semblent le sacrer de l'autre. Enfin, sur le dernier champ on le voit entre deux prêtres dont l'un porte un masque d'épervier, qui, en le prenant par la main, lui remettent la clef, signe de l'ordination.

Le deuxième monument de Kalabsché, il est vrai, plus petit mais encore plus remarquable, est d'une tout autre espèce ; il n'est point sur terre, mais sous terre; taillé dans le roc, ses parois sont en partie couvertes de reliefs (1). Il est très-simple; sur quatre-vingt-dix pieds de long, il en a près de soixante de large. Un corridor de soixante pieds conduit à une antichambre, d'où l'on arrive

---

(1) Gau, pl. XII, XIII, XIV.

à un salon. Ce monument ne me fait pas l'effet d'un temple, mais d'un tombeau. Dans le salon il y a sur la paroi de derrière deux groupes, chacun de trois personnes assises sur des bancs (1).

Celle du milieu est un homme, à côté de lui une femme qui le tient embrassé. La figure de l'autre côté est très-mutilée, et semble avoir eu une tête d'épervier. L'homme du milieu porte le *lituus*; la femme a le *modius* sur la tête: tout semble indiquer que ce sont des prêtres et des prêtresses. Je regarde l'ensemble comme un monument funèbre de famille, non pas à cause de son caractère propre, mais parce qu'il y a des tombeaux de famille tout pareils à Eleuthias en Égypte. Ce qu'il y a de plus remarquable dans ce monument, ce sont les reliefs qui, soit dit en passant, n'ont rien de commun avec les groupes que nous venons de citer. Tandis que ceux-ci sont d'un style plus grossier avec des figures courtes et écrasées, les reliefs portent tous le cachet de la sculpture égyptienne accomplie.

Les reliefs sur une paroi du rocher contiennent dans quatre champs des sujets guerriers, et se lient entre eux. Le premier nous montre le roi ou le héros debout sur son char de guerre, se précipitant entre les ennemis qui

____

(1) Gau, pl. XIII.

prennent la fuite; ce sont les peuples pasteurs d'Orient que l'on rencontre souvent en cet état. Dans le second, le roi fait prisonnier le chef ennemi, qui se distingue par sa taille, en le saisissant par le toupet. Dans le troisième, le roi assis sur son siége fait amener les prisonniers en sa présence. Ils sont au nombre de trois; les deux premiers n'ont presque pas de vêtements, le troisième est couvert d'une longue robe; tous ont les mains liées.

Dans un champ inférieur, la marche de l'armée victorieuse est indiquée par un groupe de guerriers égyptiens. Le quatrième champ nous présente le roi sacrifiant le chef prisonnier, qui est à ses pieds dans la position d'un suppliant. On voit le roi sur le point de le tuer avec le poignard ou glaive courbé. Nous aurons occasion de montrer, en parlant des Égyptiens, que de telles scènes ornaient communément leurs reliefs.

Mais le relief dont l'autre paroi est revêtue mérite bien plus d'attention; car il est non-seulement unique dans son genre, mais aussi très-facile à expliquer. Il remplit deux grands champs, l'un au-dessus de l'autre, qui réunis forment un seul tout (1). Ce n'est ni une pro-

____

(1) GAU, pl. XIV.

cession de prêtres, ni une présentation de tri-
buts comme à Persépolis ; c'est le spectacle d'un
roi à qui l'on amène le butin après une campagne
terminée heureusement. Le monarque, caracté-
risé par sa taille élevée et revêtu du costume
royal, est assis sur son trône. Il paraît, comme
toujours lorsqu'il est hors de la bataille, en roi-
prêtre. Dans sa droite il tient le sceptre et la
clef de l'ordination, la main gauche est levée ; il
semble parler ; il a sur la tête la coiffe sacerdotale, et porte un globe et les insignes de la domination. Un héraut d'armes lui présente une
femme qui, sans parure, l'implore les mains
levées. Deux enfants, déja grands, se pressent,
en priant, contre elle. Comment méconnaître en
cette femme une reine prisonnière avec ses fils,
destinés peut-être à servir de victimes ? car
ce ne saurait être une prisonnière ordinaire.
Elle est à la tête du cortége, c'est elle qui est
ce qu'il y a de plus précieux dans le butin. Mais
cette opinion est plus qu'une simple conjecture.
L'histoire aussi bien que les monuments la confirment, comme nous le verrons bientôt à l'occasion de Méroé.

A la reine succède le butin, des armes, des
ustensiles, des fruits, des habits, des peaux,
des bouteilles, des pains étalés sur des tables.
Viennent ensuite des animaux féroces et leurs

conducteurs; un lion, un bouc sauvage; du bétail, quelques taureaux avec des cornes courbées artificiellement, lesquels sont suivis de bouviers et d'hommes portant du bois d'ébène et des peaux. Voilà ce qui se trouve dans la première rangée. La seconde commence par quelques guerriers égyptiens; vient un gradin monté de fleurs et de fruits; arrivent ensuite des prisonniers ceints de peaux d'animaux; le premier a une corde au cou, l'autre est lié: tous deux sont conduits par des Égyptiens, que l'on reconnaît aisément à leur coiffure; à ces prisonniers succèdent encore des animaux: un chien de chasse, un homme chargé de singes et de bois d'ébène, une girafe conduite par une corde, une gazelle, et de nouveau un couple de bœufs aux cornes artificiellement courbées, avec leurs conducteurs. Arrivent ensuite des femmes avec leurs enfants, dont l'un conduit un singe et en porte deux autres dans un panier; une gazelle, une autruche, un chien de chasse; tous ayant leurs conducteurs, qui sont en partie chargés de bois d'ébène.

S'il ne peut y avoir d'incertitude sur le genre du cortége, il en est de même du pays où se passe la scène. Tout nous conduit en Éthiopie, à Méroé, jusque dans le cœur de l'Afrique. Arrêtons-nous d'abord à la reine prisonnière.

L'histoire nous apprend que Méroé a souvent été gouvernée par des reines; nous les découvrirons même bientôt comme héroïnes et triomphantes, sur les monuments de cette ville. Plusieurs copies nous montrent que les sacrifices des prisonniers, surtout des princes, étaient très-fréquents. Ce n'est donc pas sans raison que la reine demande la grace de ses fils, qui se pressent craintivement contre elle. Les objets précieux, les tables, les siéges, les habits, les armes, dénotent que le peuple vaincu était riche et civilisé. Les bœufs aux cornes courbées artificiellement se trouvent encore aujourd'hui sur la côte orientale de l'Afrique, chez les Cafres.

Hérodote explique ce que c'est que ces prisonniers couverts de peaux. « Les Éthiopiens dans l'armée de Xerxès, dit-il (1), prenaient pour vêtements des peaux de lion et de panthère. »

Mais avant tout il faut remarquer les animaux sauvages, les singes, l'autruche, et même la girafe qui n'habite qu'au-delà de Méroé les déserts de l'Afrique la plus reculée. Il n'est pas question du rhinocéros gigantesque, ni de l'éléphant, preuve certaine que ce dernier animal n'était pas alors encore apprivoisé. Et devant

----

(1) Hérodote, VII, 69.

qui défile ce cortége? devant un souveráin d'É-
gypte. Que son nom déchiffré décèle un jour
qui c'est. Lorsque nous interrogeons l'histoire,
elle nous dit que l'Éthiopie fut conquise par
Sésostris, autrement dit Ramessès, le même souverain que l'on découvre si souvent sur les monuments égyptiens, et notamment sur ceux qui
datent, comme le monument en question, de
l'époque florissante de leur sculpture. Quant au
sujet représenté par le monument même, il ne
saurait être douteux; c'est la sujétion de l'É-
thiopie et de Méroé aux Pharaons.

Il n'est pas surprenant que ce monument
ait été construit hors de l'Égypte, en Nubie,
dans le pays conquis, et taillé dans le pan
d'un rocher; cela est tout-à-fait conforme aux
usages de l'antiquité. Je n'ose déterminer si
ce monument est en quelque rapport ou non
avec le tombeau qu'il représentait dans le principe. On ne pourra le prendre pour la demeure
funèbre du souverain égyptien illustré par le
bas-relief. Dans l'intérieur du monument ainsi
que sur le relief du temple sur terre (1), est
représentée la consécration ou la purification
et l'aspersion du roi d'Égypte.

----

(1) GAU, tab. XIII.

6.

Il paraît donc en effet que des considérations
religieuses ont déterminé le choix de cet emplacement. Quatre têtes du relief, dessinées sur une
échelle plus grande et confrontées avec deux
figures nubiennes , ont engagé M. Gau à appeler l'attention sur la ressemblance qui existe encore aujourd'hui entre les physionomies de plusieurs peuples africains et celles des personnages
représentés sur les monuments (1).

Le temple de Dandour, quelque important
qu'il soit par lui - même , offre néanmoins les
mêmes scènes que nous connaissons déja (2).
Il en est autrement de celui de Girgeh qui lui
succède en remontant le fleuve. C'est ici que
nous trouvons pour la première fois un monument où la structure des grottes et celle des
temples servent à l'élever. L'établissement primitif est une grotte taillée dans le rocher,
devant laquelle on éleva plus tard un autre
corps de bâtiment.

Le plan de la grotte est encore fort simple (3).
On passe par un corridor dans un salon , et de
là on entre dans la pièce d'intérieur. On recon-

---

(1) GAU , tab. XVI.
(2) *Ibid.* , tab. XXIII—XXVI.
(3) *Ibid.*, tab. XXVII.

naît encore d'une manière peu équivoque sa destination première. Ce fut un tombeau, et cela pour plusieurs familles; car il y a dans le fond cinq groupes qui le prouvent (1).

Le groupe supérieur ou principal se compose de quatre figures assises sur un banc; les autres quatre groupes renferment chacun trois figures qui sont debout. Ils présentent un homme et une femme qui le tient embrassé, avec une figure secondaire. Ces individus portent les insignes du sacerdoce, ce qui me fait présumer que ce sont des familles de prêtres. L'avant-corps du monument se compose d'un péristyle ouvert, où s'élèvent, ainsi que dans la colonnade, les images gigantesques de prêtres d'Osiris, comme cariatides le long des pilastres (2).

« C'est dans ces figures, dit Belzoni (3), que l'on peut voir la différence qui existe entre la sculpture ancienne et moderne. L'artiste a seulement pu indiquer que ce sont des figures mâles; elles sont si mal faites, qu'elles ne peuvent avoir été calquées que sur un modèle éthiopien. »

Le temple de Dekkeh est un des mieux con-

----

(1) Gau, tab. XXX.

(2) *Ibid.*, pl. XXIX.

(3) Belzoni, *Narrative of the operations in Egypt and Nubia*, p. 71.

servés (1). Le grand portail d'entrée subsiste encore séparé de ce monument, de même que le temple avec ses propylées. Ce qui est très-curieux, c'est de trouver au-dessus de l'entrée une inscription grecque du temps des Ptolémées, ou d'Évergète 1er ou d'Evergète II (2). Cependant la comparaison avec l'inscription de Rosette dénote que c'est le premier de ce nom, ou le troisième dans la série des Ptolémées, ce qui prouve que ce prince a étendu ses conquêtes et sa domination jusque dans cette contrée, que le monument d'Adule se rapporte à lui, ou en entier ou à moitié. Les sculptures sur les murs représentent des offrandes faites au dieu Ammon et à ses compagnons du temple. Ce qui les caractérise, c'est que, non-seulement le roi, mais aussi après lui son épouse, viennent offrir des dons (3). Mais elles sont dans le style le plus pur et le plus fini de l'art égyptien.

____

(1) GAU, pl. XXXIV—XXXVII.

(2) *Ibid.*, pl. XXXV. Ἐνέρ βασιλ........ Θέω..... εἱς....; ces mots ne nous en laissent pas douter, quelque mutilée que soit d'ailleurs l'inscription.

(3) Voyez surtout le grand bas-relief de la tab. XXXVIII. Le roi et la reine, tous deux désignés par l'*ureus*, apportent leurs offrandes ; lui, une patère avec des vases, elle, une guirlande de fleurs. Derrière eux viennent deux personnes de leur suite, homme et femme, sans les insignes de

Le temple suivant à Maharraga montre encore des traces de l'architecture grecque (1). Au-dessus de l'entrée il y a une figure de femme à moitié couchée, qui tient autant du genre égyptien que du genre grec; à côté d'elle l'inscription grecque marquant l'adoration de toute une famille, dont on représente un enfant comme offrant le don. « Nulle part, dit Belzoni (2), je n'ai vu les cultes égyptien et grec plus intimement liés. »

Le monument d'Asseboa ou de Sebou qui vient ensuite est bien plus important (3).

Ce temple, sans être un des plus grands, est des plus complets. On y entrait par un portail superbe, auquel succédait une allée de sphinx qui conduisait au premier pylone, devant lequel siégeaient deux colosses. On passait de là dans le péristyle découvert, et on arrivait à une colonnade couverte, revêtue de prêtres d'Osiris en guise de cariatides sur les piliers. Venait enfin le sanctuaire avec la représentation de la nef

la domination, avec du bétail et de la volaille. Le même relief est encore répété en petit deux fois des deux côtés. Comment n'y pas reconnaître le roi Ptolémée III et Bérénice son épouse ?

(1) Gau, liv. VIII ; vignette.
(2) Belzoni, *Narrative*, etc., p. 73.
(3) Gau, tab. XLII—XLVII.

sacrée. Tout ceci était sur terre ; mais il y aboutissait quelques chambres taillées dans le roc. C'est donc l'opposé du temple de Girgeh ; tandis que celui-ci est taillé dans le roc, n'ayant que l'avant-corps de l'édifice dégagé, celui-là est sur terre, et les accessoires sont construits dans le roc ; mais la plus grande partie du temple est encombrée de sable. Les sphinx ont une forme particulière ; ils portent le bonnet élevé de prêtre, que je ne me rappelle pas d'avoir vu ailleurs. Les reliefs d'intérieur avec leurs couleurs ont été parfaitement conservés. Ils représentent des offrandes faites au dieu Ammon et à sa famille. Eux aussi, à en juger par les copies de Gau, sont du nombre de ceux où se déploie l'art égyptien accompli ; quoique, selon l'opinion de Legh, ils portent, du moins quant aux hiéroglyphes, un caractère plus grossier (1). « Il est probable, dit-il, que ce monument est plus ancien que ceux d'Égypte. »

Le temple d'Amada, enveloppé à moitié dans le sable, est surmonté d'une coupole, ce qui prouve qu'il était disposé pour le culte chrétien (2) ; mais sa haute antiquité est à présent constatée par Champollion, qui découvrit sur ce

____

(1) Legh, p. 66.
(2) Gau, tab. XLVIII.

monument le nom du Pharaon Thutmosis, lequel chassa les Hyksos (1).

Le monument de Derr n'est, à la vérité, que petit, mais d'autant plus remarquable (2). Il est tout-à-fait construit dans le roc sans avant-corps. Le plan est extrêmement simple. C'était un temple d'Ammon. La procession avec la nef sacrée est présentée dans le sanctuaire (3). Le roi vient au devant, et porte à genoux une offrande. Mais sur une autre paroi on le voit tuer un prisonnier, qui, selon toute apparence, lui sert de victime. Le dieu à la tête de faucon vient à la rencontre du roi et lui porte le glaive ou le poignard. Le même sujet se trouve aussi dans les temples de Thèbes.

Voilà que nous approchons de deux monuments importants, sortis en partie, par les soins de Belzoni, du sable qui les couvrait et les enveloppait, et qui ont rendu célèbre en Europe, avant tous les autres, le nom probablement corrompu d'Ipsamboul (4). Le premier, et le plus petit qui se trouve près du Nil, offre six figures gigantesques aux regards étonnés du

---

(1) CHAMPOLLION, *Système hiéroglyphique*, p. 241.
(2) GAU, tab. L, LI, LII.
(3) *Ibid*, tab. LI.
(4) Gau (tab. LV) l'appelle *Abusamboul*.

voyageur. Déja Burkhardt et d'autres voyageurs en font mention. Mais plus en arrière, cependant presque tout couvert de sable, d'où ne ressortaient que les têtes de deux colosses placés comme en sentinelles, se trouve le grand temple que Belzoni ne découvrit pas seulement, mais qu'il ouvrit avec des efforts inouïs, après avoir déblayé les masses de sable. Quel aspect, lorsque la lumière pénétra sous ces voûtes, et que, dans ces ténèbres, les figures gigantesques furent peu à peu éclairées!

A l'entrée siégeaient comme gardiens les quatre colosses, les plus grands que l'on connaisse, hauts de soixante-cinq pieds. Dans l'intérieur, d'abord le péristyle avec les images grandioses des prêtres d'Osiris sur les pilastres, ayant presque trente pieds de haut : les parois, couvertes de sculptures, représentent des batailles et des triomphes. De là on entrait sous la colonnade, remplie de pareilles images ; puis venait l'antichambre, ensuite le sanctuaire avec plusieurs pièces latérales. Au fond on voyait une figure colossale assise sur un banc, et des sujets analogues dans les chambres latérales. Au milieu du sanctuaire s'élevait un piédestal (1).

---

(1) BELZONI, les deux avant-dernières tables; GAU, tab. LIV, LV.

Ce monument porte communément le titre
de temple; cependant j'ose affirmer que c'était
plutôt un tombeau. Ce qui me paraît le prouver
d'une manière incontestable, c'est le sujet représenté dans le sanctuaire. Jamais on ne voit
dans un temple égyptien, à cette place, un pareil sujet, qui d'ordinaire figure dans les tombeaux. Kalabsché nous en a déja fourni les
preuves. Là c'étaient des tombeaux de famille,
tandis qu'ici nous avons très-probablement un
tombeau royal.

Si le monument avait été dans le principe un
temple, il y aurait eu un monolithe dans le
sanctuaire. Au lieu de cela on y aperçoit un
piédestal, sur lequel était probablement autrefois le sarcophage. Je n'ose déterminer quel
souverain a trouvé ici son dernier asile. Si c'est
un roi éthiopien, ce monument nous offre aussi
le modèle des tombeaux des rois à Thèbes, quoique ceux-ci fussent exécutés, sinon sur une
échelle plus grande, mais d'une manière plus
majestueuse.

Ce que nous avons dit du monument plus
grand, s'applique aussi au plus petit, et se confirme ici encore davantage, puisque nous devons
à Gau les copies des sujets représentés dans le
sanctuaire, ainsi que la vue de la façade. Six colosses, cependant moins grands, trois de chaque

côté, se tiennent ici comme gardiens ; les deux
du milieu sont des femmes. Ce sont des prêtres
et des prêtresses, fait constaté non-seulement
par leur coiffe, mais aussi par la clef, signe de
la consécration, portée de même par les femmes
(chez les hommes, la partie supérieure de la
clef semble être cassée). Les sujets qui ornent
les murs du péristyle sont de la même nature que
ceux qu'on trouve dans le grand monument : des
scènes guerrières et des triomphes : mais ce qui
mérite le plus d'attention, ce sont les copies des
reliefs peints dans le sanctuaire (1); elles représentent quatre figures, qui sont assises sur un
banc, mais qui ne forment pas une famille. La
figure principale qui est rouge, et que je prends
pour le roi, est placée entre deux dieux ; celui
de droite est désigné comme tel par sa couleur
bleuâtre, celui de gauche par sa tête de faucon.
Quant à la quatrième figure de couleur jaune,
je ne sais l'expliquer.

Les monuments mentionnés jusqu'à présent
étaient encore tous placés en-deçà de la seconde
cataracte, éloignée d'environ treize lieues d'Ipsamboul. Mais quoiqu'ils deviennent plus rares
au-delà de cette cataracte, il nous faut cepen-

____

(1) Gau, tab. LIV.

dant citer le temple de Soleb par 20° 20', que Waddington (1) a décrit, et dont Caillaud a donné une copie (2). Selon les observations du premier voyageur, c'est un des temples construits le plus légèrement. Il nous intéresse sous le rapport des sculptures que Caillaud a copiées. Nous y trouvons des prisonniers avec les bras liés sur le dos; entre autres un nègre avec le profil bien prononcé de cette nation (3). Tout porte le style égyptien. Aussi Burkhardt a-t-il raison de désigner ce temple sur sa carte comme le monument le plus méridional de ce genre, si l'on veut le distinguer de ceux de Méroé dont nous aurons bientôt occasion de parler.

A quelles considérations conduit la connaissance de ces monuments? Quels sont les résultats certains et vraisemblables qu'on peut en tirer? Il est certain que la religion, le culte et l'architecture de l'Égypte ne demeurèrent pas restreints à ce pays, mais se répandirent aussi sur la vallée du Nil supérieur. Nous y voyons adorer les mêmes dieux, quoique le cercle des mythes y soit plus borné qu'en Égypte. Le culte

---

(1) WADDINGTON, p. 171.
(2) CAILLAUD, pl. XII, XIV.
(3) *Ibid.*, pl. XIV.

d'Ammon prédomine partout; à côté de lui règne celui de ses compagnons de temple et de ses parents.

Lui-même paraît tantôt avec la tête de bélier, tantôt sous une forme humaine; mais néanmoins avec les attributs qui le caractérisent comme le dieu Ammon. Près de lui se montre son fils Osiris, facile à reconnaître par le fléau et le sceptre. Tous deux sont accompagnés, autant que le permet l'espace, d'une femme. Ammon à la tête de bélier a auprès de lui son épouse Satis; mais souvent aussi ce dieu, ainsi qu'Osiris, ont pour compagne Isis, qui se distingue par sa coiffure, ses cornes de vache entre lesquelles figure le globe de l'univers ou du soleil. Les autres divinités ont des têtes d'animaux, surtout celles du faucon et du chien. J'abandonne les recherches ultérieures sur ce sujet aux mythologues; n'ayant pour mon compte qu'à déterminer en général le culte établi.

Lorsqu'on parle des monuments mêmes, il faut distinguer l'architecture des ornements qu'ils doivent à la sculpture.

Le caractère de l'architecture est, il est vrai, dans son ensemble le même; mais cependant on ne peut y méconnaître une marche progressive. Si dans les monuments de l'Égypte nous ne voyons cet art qu'à son dernier degré de perfectionnement, ou peut-être déja quelquefois sur le déclin, nous le prenons ici à son origine, et nous le suivons dans son développement. Nous regardons comme premiers essais les petits établissements de grottes, tels que ceux de Derri. On poussa ce travail plus loin; mais combien de routes intermédiaires l'art ne dut-il pas parcourir avant d'arriver à cette grandeur étourdissante dont Ipsamboul fait foi! Je crois aussi avoir démontré que ces grottes furent, du moins dans leur origine, des tombeaux et non des temples; mais je ne prétends pas en déduire que cette règle fût sans exception; je ne parle que des monuments dont le sanctuaire renferme les sujets affectés au culte des morts, tels qu'on en trouve à Kalabsché, Girgeh et Ipsamboul. Quant aux grottes de Derri, je n'ose me prononcer en l'absence d'une copie exacte du sanctuaire.

C'est donc des grottes et des sépulcres que sortit l'architecture, et qu'elle se perfectionna successivement. Cela ne prouve-t-il pas que cette architecture n'était pas d'une origine étrangère, mais au contraire indigène en ces lieux? et en voyant qu'elle se développe d'abord sur des tombeaux, cela ne dénote-t-il pas qu'elle ne put être d'origine indienne?

Dans l'Inde aussi nous avons vu des constructions de grottes surprenantes; mais nul indice

ne nous donne le droit de les considérer comme
tombeaux. Les partisans de la religion de Brahma
brûlaient leurs morts, mais ne les ensevelissaient
pas.

D'ailleurs ces monuments déterminaient naturellement le caractère saillant de l'architecture
égyptico-nubienne, c'est-à-dire le colossal. Dans
ces grottes formées en partie par la nature, l'œil
s'habitue facilement aux grandes formes et aux
masses. L'art, s'il ne vient pas au secours de la
nature, ne peut être mesquin sans se dégrader
lui-même. Quel rôle auraient joué des statues
d'une grandeur ordinaire, des structures déli-
cates dans et devant ces colonnades gigantesques,
où des colosses seuls pouvaient siéger comme
gardiens en dehors, et être appuyés en dedans
aux piliers?

Mais, de ces grottes, l'architecture s'élança en
plein champ. Les monuments de la Nubie ne font-
ils pas sentir cette transition? Nous en avons vu
entre autres à Girscheh, qui sont à moitié construits dans les rochers, à moitié se tiennent en
plein champ. Mais cette union est encore importante sous un autre rapport; elle nous donne la
preuve la plus palpable que les monuments de
grottes sont les plus anciens. Car comment prétendre que les constructions en dehors datent
d'un temps plus reculé que celles des grottes?

Mais tout en considérant ces établissements de grottes, dans leur origine, comme tombeaux, je ne conteste pas qu'ils n'aient pu dans la suite se transformer en temples. A ces sépulcres se rattachaient des idées religieuses ; et si l'on rendait un certain culte aux rois morts, comme nous l'atteste l'inscription de Rosette, pour les Ptolémées , successeurs des Pharaons, leurs tombeaux devaient être aussi en quelque sorte des temples, si toutefois les dispositions locales n'en interdisaient l'accès.

Mais l'architecture se détacha de l'alliance des grottes en montant au troisième degré, et en élevant des monuments en plein air.

Ces édifices, autant que nous les connaissons, sont tous sans exception des temples. Nous n'en trouvons plus d'autres que nous soyons en droit d'appeler des tombeaux ni des palais, comme à Thèbes.

Nous avons déja fait observer, comme leur vue seule le dénote, qu'ils portent tous le cachet de l'architecture égyptienne. La question jusqu'à quel point on peut y distinguer le style ancien du plus moderne, tombe entièrement dans le domaine des architectes. Cependant il y a une différence que je ne saurais passer sous silence. Si les temples nubiens nous offrent des pylones, des colosses , des péristyles, des colonnades et dès sanctuaires, comme ceux d'Égypte, aucun d'entre eux ne nous présente la moindre trace de ces obélisques, monuments orgueilleux dont l'Égypte seule se glorifie (1); ce qui prouve déja que ce ne fut que dans ce pays que l'architecture de la vallée du Nil parvint au plus haut degré de perfection et de majesté.

De l'architecture passons maintenant aux sculptures ou aux reliefs qui ornent abondamment les murs et les colonnes de ces monuments, tant sur terre que sous terre.

Les premières questions qui se présentent, sont: Quel rapport existe-t-il entre les reliefs et les monuments? Ces sculptures se lient-elles à l'origine de ces constructions, ou bien datent-elles d'un temps plus rapproché de nous? Sont-elles faites par les mêmes artistes ou par d'autres? On serait tenté d'adopter la première opinion, et de prendre les monuments et les ornements comme émanés de la même époque, si cela ne faisait naître une difficulté. Dans l'architecture, et même dans les statues colossales, nous avons remarqué une marche progressive, depuis les premiers commencements jusqu'à la dernière perfection de cet art. Dans ces reliefs on ne dé-

____

(1) Les monuments d'Axum n'appartiennent plus à la Nubie. Nous en parlerons ailleurs.

couvre rien de semblable. Ils appartiennent tous
à l'art égyptien accompli. Mais comment expliquer
que la sculpture fût déjà si développée, lorsque
l'architecture fit des progrès successivement et
à la longue? Pour analyser ce phénomène, il
faut admettre que les parois de ces monuments
comme celles des grottes ne furent ornées que plus
tard de reliefs, qui n'étaient dans aucun rapport
avec leur destination primitive de tombeaux. En
comparant les figures assises, représentant les
groupes de famille des défunts, avec les figures
sur les parois, on ne trouve pas la moindre
ressemblance ni dans les visages, ni dans les
figures. Celles-ci sont toujours longues et sveltes
dans les reliefs, tandis qu'elles sont courtes et
fortes dans les personnages assis. Ce sont surtout
les monuments de Kalabsché et d'Ipsamboul qui
inspirent ces observations.

Dans les monuments au-dessus de la terre,
l'architecture et la sculpture ne sont pas tellement disproportionnées entre elles pour en pro-
voquer de pareilles. Ainsi, tant que les interprétations des inscriptions d'hiéroglyphes ne nous
donneront pas d'autres éclaircissements, je m'arrêterai à l'idée, comme la plus vraisemblable,
que des souverains égyptiens, entrés en vain-
queurs et conquérants dans la Nubie, tirèrent
parti des monuments déja existants, pour éter-

niser sur ces édifices la mémoire de leur héroïsme et en même temps de leur piété. Les
dernières découvertes de Champollion ont confirmé cette opinion en tout point. Ce fut Ramessès-
le-Grand, autrement dit Sésostris, dont les hauts
faits sont consignés sur ces reliefs. Partout, sur
les grands monuments d'Ipsamboul, de Kalabsché, de Derri, de Gischeh et de Sebua, Champollion lut le nom de ce prince (1).

Les sujets représentés sur ces monuments
peuvent être en grande partie compris sous trois
classes : des adorations, des processions, des
expéditions guerrières et marches triomphales.
Mais avant d'entrer dans les détails, il sera peut-
être nécessaire de les faire précéder de quelques
réflexions générales.

Tout s'accorde à nous présenter ces temples
comme construits par les rois. Mais dans quels
dessein furent-ils élevés? On nous les dépeint
comme monuments destinés à conserver dans la
caste sacerdotale la mémoire des rois; car, quant
à ceux qui n'avaient pas laissé de monuments,
les prêtres égyptiens avouèrent eux-mêmes à
Hérodote qu'ils n'en savaient rapporter qu'une

____

(1) CHAMPOLLION, *Précis du système hiéroglyphique*,
p. 220.

série de noms (1). Mais dans quel sens ces édifices étaient-ils des monuments de leurs fondateurs? Ne servaient-ils à autre chose qu'à conserver la mémoire d'un souverain ? ou bien les sujets représentés sur leurs murs, ces nombreux reliefs dont ils sont couverts, n'auraient-ils pas eu un autre but, comme, par exemple, de retracer l'histoire du gouvernement du roi? Si cela ressort déja de la nature des choses, c'est encore confirmé par les sujets historiques qu'ils représentent, tels que ces expéditions guerrières et ces marches triomphales. Mais pour résoudre complétement la question, il faut d'abord savoir ce qu'on entend par l'histoire du gouvernement de ces rois.

Ce sont des rois prêtres, c'est-à-dire des rois qui, sans être choisis régulièrement dans la caste sacerdotale, vivaient néanmoins sous sa dépendance, qui lui présentaient leurs hommages nonseulement par de simples paroles, mais par des offrandes et des sacrifices ; ils ne le faisaient cependant pas gratuitement, mais recevaient en échange, de la part des prêtres, de grandes faveurs, parmi lesquelles la réception dans la caste sacerdotale était probablement, ainsi que chez les Indiens, la plus haute récompense.

____

(1) Hérodote, II, 101.

L'histoire de tels rois se présentait donc nécessairement sous un double aspect : envisagée
sous le rapport sacerdotal , elle renfermait les
hommages offerts aux prêtres, et les récompenses
accordées par ces derniers aux princes; sous
celui de la politique, elle retraçait les entreprises
des rois, et surtout leurs expéditions guerrières.

On conçoit sans peine laquelle de ces deux
descriptions l'emportait aux yeux de la caste
sacerdotale. Si, d'après nos idées, nous plaçons
l'histoire politique au premier rang, elle suivait
sans contredit la marche contraire.

En admettant que les temples fussent construits par les rois pour perpétuer leur mémoire,
comment ces princes n'auraient-ils pas cherché
à éterniser leur histoire dans le sens que nous
venons de déterminer ? Une marche opposée
serait presque inconcevable. Mais en contem-
plant ces monuments plus scrupuleusement, on
est conduit aujourd'hui, grace à nos connaissances actuelles, à des résultats bien plus satis-
faisants.

Nous voyons en premier lieu que l'histoire
politique ou guerrière restait bien au-dessous
de l'histoire sacerdotale. Voilà ce que nous apprend non-seulement le rapport qu'il y a entre
le nombre des sculptures historiques et reli-

gieuses, mais aussi la place accordée aux unes et aux autres.

Les sujets de l'histoire politique ne remplissent que le côté extérieur des pylones et encore quelques murs mitoyens du portique découvert. Les morceaux de bataille s'arrêtent là. Les marches triomphales, mais qui, comme hommages rendus aux dieux, portent le caractère sacerdotal, trouvent tout au plus une place dans la colonnade couverte, par conséquent dans le local assigné au culte populaire et aux assemblées nationales, mais jamais dans l'intérieur du sanctuaire.

Ici les yeux ne tombent que sur des sujets consacrés au culte, quoique ceux-ci occupent déja en grande partie les murs et les colonnes des porches et des péristyles, ainsi que la partie antérieure des pylones. Tout cela indique que les choses secondaires à nos yeux sont précisément celles auxquelles on attache le plus d'importance.

C'est donc en effet ces sujets du culte qui réclament surtout notre attention. Et à la simple vue de ces scènes, qui ne serait porté à la question, Quel était le but qu'on se proposait par-là? Étaient-ce de simples ornements des parois? Tendaient-elles tout uniment à répandre en général la piété, ou bien avaient-elles encore

quelque but spécial? Comment expliquer autrement les nombreuses répétitions des mêmes
sujets?

Il me semble que les découvertes modernes,
mais surtout les inscriptions grecques dont nous
devons des copies à Gau et à Caillaud, éclair-
cissent plusieurs points dès que nous les con-
frontons avec les sujets représentés sur les
monuments les plus anciens. Ces inscriptions
grecques nous donnent des notions importantes
sur les adorations solennelles des dieux égyptiens (1); sur les formes usitées dans ces céré-
monies ; sur les rapports existants entre ce culte
et ces temples, et sur les intentions et le but
que l'on se proposait de part et d'autre.

Les adorations étaient des actes solennels que
l'on faisait, ou pour son propre compte ou bien
pour sa famille, avec l'assentiment des prêtres.
On ne se présentait guère les mains vides ; on
apportait des dons et des offrandes. A leur aide
on put en perpétuer la mémoire et les faveurs
accordées en échange dans une inscription sur les
parois du temple; de ce nombre sont les inscriptions grecques, et en partie aussi égyptiennes,
copiées par les voyageurs dont nous avons parlé

---

(1) L'expression grecque est : Προσκυνήματα.

plusieurs fois (1). « C'est là l'adoration de tel ou tel individu »; souvent on y joint la somme qu'il a payée au temple. Il s'était formé une certaine taxe qui était simple ou double, selon les honneurs et les faveurs que l'on cherchait à obtenir du temple. Ces honneurs consistaient en titres de prêtre, et certainement aussi en priviléges, à peu près semblables à ceux que le pélerinage aux villes sacrées accorde encore aujourd'hui aux sectateurs de l'islamisme. Il faut croire que les adorateurs venaient des pays reculés (on n'a qu'à se rappeler dans l'histoire sainte l'exemple des sages de l'Orient, celui du chambellan de la reine Candace d'Éthiopie, venu à Jérusalem pour adorer); et ce ne furent pas toujours la dévotion et la piété seules qui provoquèrent ce long voyage.

---

(1) Voyez surtout dans Gau l'inscription de Gartasche. On pouvait obtenir le titre de prêtre ; lorsqu'il était accordé plusieurs fois à la même personne, cela l'élevait au rang d'archiprêtre (ἀρχιερεὺς), et père des prêtres (πατὴρ τῶν ἱερῶν). Il est certain que cela se faisait pour de l'argent. On trouve des exemples de 15, 20, 30 pièces d'or. Macrinus paya 110 pièces pour deux titres à la fois; un autre donna un talent et au-delà. Dans l'inscription, p. 24, le prix des titres inférieurs de prêtre est fixé à trente, celui des supérieurs à soixante pièces d'or. Voyez les explications de NIEBUHR, *Dissertat.*, p. 13.

Il résulte des inscriptions que ceux qui obtenaient pour leurs adorations de tels titres étaient, la plupart, des hommes appartenant aux classes plus élevées, des fonctionnaires d'état distingués, des commandants, des gouverneurs, etc., comme le montrent déja les dépenses causées par ces démarches, quoiqu'on ne dédaignât pas les dons des inférieurs.

Mais ce qui est pour nous du plus haut intérêt, c'est que les rois de la maison des Ptolémées observaient aussi cette coutume.

Les temples de Philæ contiennent plusieurs inscriptions de rois qui avaient fait de telles adorations, et qui en perpétuaient la mémoire par des inscriptions (1).

Et si notre explication sur Ptolémée Évergète et sa femme (que ce soit le premier ou le deuxième de ce nom) est exacte, on peut en déduire la conséquence que cela ne se faisait pas seulement par des inscriptions, mais aussi par des scènes figurées sur les murs. Cet usage cessa peut-être dans les derniers temps de ces rois, lorsque la langue grecque commença à être employée plus communément pour les in-

---

(1) Voyez les preuves dans Niebuhr, *Dissertat.*, p. 21. Les rois sont les derniers rejetons de la maison des Ptolémées.

scriptions ; car le grec n'était pas aussi propre
que le langage hiéroglyphique à accompagner
l'exposé figuré. Il se peut encore que d'autres
causes extérieures, dont on ne saurait s'étonner
sous le règne des derniers Ptolémées, aient amené ce résultat.

En appliquant ces observations aux temps des
Pharaons et à leurs monuments, ces sculptures ne
nous paraissent-elles pas sous un jour plus clair ? A
leur simple vue on reconnaît qu'elles représentent
pour la plus grande partie de telles adorations.
Je n'ose affirmer si elles sont seulement offertes
par des rois, ou bien aussi par d'autres individus ; mais les insignes de la souveraineté dont
les adorateurs sont fréquemment ornés indiquent qu'elles sont le plus souvent présentées
par des rois. Pour expliquer entièrement ces
scènes, il nous faudrait avoir le rituel sacerdotal qui nous manque. Nous verrions alors
comment telle ou telle oblation se liait à telle
ou telle cérémonie ; comment elle donnait droit
à porter telle ou telle coiffure, ou tel autre insigne du sacerdoce, comment elle conduisait
aux purifications et oblations, et enfin à la réception dans la caste sacerdotale.

Ajoutez à cela qu'Ammon fut le dieu des
oracles, et que plusieurs de ces adorations ne
tendirent probablement qu'à en obtenir des

oracles favorables, dont personne ne devait avoir
plus besoin que les rois dans leurs entreprises.
La différence de l'usage ancien et moderne consistait en ce que, dans les derniers temps, l'adoration était consignée dans une inscription,
tandis qu'à une époque plus reculée cette solennité était perpétuée par la représentation même
de l'acte, quoique accompagnée de signes hiéroglyphiques, dont l'interprétation jettera peut-
être bientôt une nouvelle clarté sur ces rites.
Mais le sujet représenté ne pouvait guère être
autre chose sinon l'acte prescrit; les offrandes,
la plupart d'un prix peu élevé, différaient sans
doute encore beaucoup des sommes nécessaires
pour acheter cette permission.

Je ne regarde donc pas ces sculptures comme
de simples ornements et des sculptures de fan-
taisie, mais comme des sujets historiques. Elles
représentent la vie sacerdotale des rois prêtres.
En nous rappelant, comme on ne saurait en
douter, que pour terminer un seul monument
aussi colossal, il a fallu nécessairement des siècles, on conçoit comment il put renfermer en
même temps les annales religieuses d'un empire.

Et ces idées ne s'accordent-elles pas complétement avec tout ce que les savants les plus judicieux ont dit jusqu'à présent sur l'origine de
ces monuments?

« Leur étude nous apprend, dit Champollion (1), que les Égyptiens commencèrent par
élever ces grandes masses d'édifices, les cou-
vrirent ensuite de grands plafonds, et ne s'arrê-
tèrentd'abord qu'aux ornements de l'architecture,
en polissant et préparant toutes les faces du monument. Ce n'est qu'après ces travaux qu'on
exécuta les reliefs, et qu'on les orna d'innom-
brables signes hiéroglyphiques qui couvraient
les colonnes et les parois. Ce fut là l'embellisse-
ment du monument. Cette seconde opération fut
la plus longue et la plus soignée. Plusieurs règnes
purent s'écouler et plusieurs dynasties se succéder avant que la décoration d'un de ces monuments imposants fût terminée. »

Je partage entièrement cette opinion; les travaux restés en partie inachevés en fournissent
la preuve. Seulement je ne crois pas que ces
sculptures étaient de simples décorations. Les
remarques précédentes font ressortir ces phénomènes d'une manière naturelle et plus claire.

Mais outre cette histoire sacerdotale, on voyait
aussi l'histoire politique de ces rois prêtres sur
les murs de leurs monuments; leurs expéditions
guerrières, leurs victoires, leurs triomphes. Ce-

____

(1) *Nouvelles Annales des voyages*, t. XIII, p. 416.

pendant ces sculptures ne sont évidemment que les copies de celles qui se trouvent à Thèbes ; elles représentent les exploits des conquérants égyptiens qui voulaient aussi perpétuer leur mémoire sur les monuments des pays vaincus. Nous en parlerons donc d'une manière plus détaillée dans les recherches consacrées à l'É-gypte. Ici je me borne simplement à une obser-vation concernant la Nubie.

La sculpture égyptienne a toujours eu grand soin de distinguer les peuples vaincus par leur couleur, leur physionomie, leurs habits et leurs armes. Sur les monuments de la Nubie, cette différence n'est pas si bien indiquée que sur ceux de Thèbes (1).

On n'y distingue que dans peu d'occasions, et par leur profil, des nègres prisonniers (2). Les autres ont généralement le même caractère de couleur, de physionomie, de barbe et de cos-tume. La couleur tire sur le jaune ; leur costume est long, la barbe courte mais saillante ; leurs cheveux sont noirs, et tombent en tresses chez

---

(1) Voyez surtout dans BELZONI, tab. VII, VIII, les bas-reliefs copiés sur les tombeaux des rois, où les peuples, à la couleur blanche, rouge et noire, sont également carac-térisés par leur costume et leur physionomie.

(2) Voyez p. 93 de ce volume.

les femmes (1). Il pourrait paraître étrange de voir ici, comme en Égypte, ces mêmes peuplades en guerre avec les souverains d'Égypte qui régnaient fréquemment sur la Nubie ; mais il ne faut pas oublier que les habitants des deux pays avaient les mêmes ennemis. La Nubie, ainsi que l'Égypte, est entourée de peuples pasteurs, parmi lesquels ceux qui avoisinent le golfe Arabique étaient les plus puissants. La soumission des pasteurs, sujet si important dans l'histoire d'Égypte, ne l'est pas moins dans celle de la Nubie.

C'est contre eux qu'on faisait les guerres les plus fréquentes et les plus longues ; aussi se trouvent-elles retracées sur leurs monuments. Chose dont on ne saurait douter, c'est que ces peuples sont pasteurs ; car, non - seulement accompagnés de femmes et d'enfants, comme d'ordinaire les nomades, on les représente même dans leur fuite suivis de leurs troupeaux (2). Étaient-ce des tribus arabes ou libyennes ? voilà ce que je n'ose déterminer. J'ai montré ailleurs que les unes et les autres étaient campées dans ces contrées ; la couleur jaune, le costume et les cheveux semblent se prononcer pour les

---

(1) Gau, tab. XIV et LXI.
(2) *Ibid.*, l. c.

Arabes. Comment la vallée fertile du Nil, avec
ses trésors et ses temples, ne les aurait-elle pas
excitées à y faire des invasions?

Nous avons déjà expliqué la plus importante
des processions (1); nous parlerons encore ailleurs de celles des prêtres. Nous avons fait connaissance avec les monuments de la Nubie; il nous
en reste encore d'autres dont nous allons nous
occuper immédiatement, ceux de l'île de Méroé.

Où faut-il chercher Méroé? Telle est, avant
tout, la première question que nous ayons à
résoudre. Ce n'est qu'en déterminant exactement
les localités que cette recherche prendra un
caractère vrai et authentique.

En interrogeant Hérodote, nous trouvons
déjà des indices d'un haut intérêt dans tout ce
qu'il nous a dit sur le cours du Nil au-dessus
de l'Égypte. Il nous a conseillé, une fois arrivés
près de l'île de Tachompso, de quitter notre
bâtiment pour éviter les cataractes, et d'aller
à pied le long des rivages du fleuve pendant
quarante jours; après quoi une nouvelle navigation de douze jours nous porterait à la
ville de Méroé. En côtoyant les rivages du Nil,
nous évitons le désert de Nubie, mais nous sui-

____

(1) Voyez p. 79 de ce volume.

vous toutes les sinuosités du fleuve, ce qui allonge singulièrement le voyage.

Ces données ont, à la vérité, beaucoup de vague, vu qu'on ne peut déterminer les sinuosités du fleuve. Mais d'après la carte de Waddington, la distance de la cataracte de Waddi-Halfa jusqu'au confluent du Tacazzé, comprend environ deux cent cinquante lieues, auxquelles il faut ajouter les cinquante lieues de Kalabsché où nous cherchions l'île Tachompso jusqu'à Waddi-Halfa. Ainsi, quelque incertain que soit ce compte, ce voyage de quarante jours nous conduit cependant toûjours jusqu'à la contrée d'Atbora, entre le Nil et l'Astaboras, la partie septentrionale de l'empire de Sennaar. Il s'agit de savoir si les témoignages d'autres écrivains peuvent nous conduire à des déterminations plus positives.

Hérodote seul parle de la ville de Méroé, tandis que tous les autres auteurs dépeignent Méroé comme une île, mais renfermant en effet une ville du même nom (1). Ils ne contredisent donc pas Hérodote; la suite au contraire montrera que l'indication de cet écrivain sur la position de la ville s'accorde avec leurs renseignements.

---

(1) Diodore, I, p. 38; Strabon, p. 1134; Pline, VI, 29.

Agatarchide (1) dit : « L'Astaboras, qui traverse l'Éthiopie , joint ses eaux au Nil, fleuve plus grand, et forme par cette jonction l'île de Méroé, qu'il baigne tout autour. »

Strabon s'explique encore d'une manière plus précise (2). « Le Nil, dit-il, reçoit deux grands fleuves qui descendent de quelques lacs du Levant et qui entourent la grande île de Méroé. L'un s'appelle l'Astaboras, coulant sur le côté oriental; l'autre l'Astapus. Quelques-uns mettent à sa place l'Astosabas, et en distinguent l'Astapus, qui suit presque la même direction que le Nil. A sept cents stades au-dessus du confluent du Nil et de l'Astaboras, se trouve la ville de Méroé, portant le même nom que l'île. »

Ces indications seules suffiraient pour déterminer la position de Méroé; mais pour donner encore plus de certitude, j'invoque le témoignage de Pline (3). « Au milieu de l'Éthiopie, dit-il, le Nil reçoit le surnom d'Astapus. Il forme ici de grandes îles qu'il baigne à peine dans cinq jours, surtout l'île de Méroé, où son bras gau-

---

(1) Hudson, *Geograph. min.*, I. p. 37.
(2) Strabon, p. 1134.
(3) Pline, V, 9. Cet auteur confond l'Astasapes avec l'Astapus.

che s'appelle Astaboras, et le bras droit Astasapes. Ce n'est que là où tous les bras se réunissent, qu'il prend le nom de Nil. »

En jetant un seul regard sur la carte, nous
voyons aujourd'hui de suite où il faut chercher
l'ancienne Méroé. L'Astaboras qui la baigne tout
autour sur le côté oriental, est l'Atabar ou le
Tacazzé moderne; l'Astapus qui borne le côté
gauche et coule parallèlement au Nil, est le
Bahar el Abiad, ou le fleuve Blanc, qu'on devrait proprement appeler le Nil. Je ne m'arrête
point à la détermination des autres petits fleuves, puisqu'elle ne nous regarde pas (1).

Les relations des géographes arabes (2) répandent encore plus de clarté sur ce sujet. A les
entendre, le Nil se divisait en sept fleuves, dont
trois sont grands, les autres plus petits. Au nombre des premiers il en est un qui descend de
l'Orient (par conséquent sans doute l'Astaboras ou Tacazzé, autrement dit aussi le fleuve
Bleu). Le second de ces fleuves est le Nil Blanc;
venant de l'Ouest (l'Astapus), dont les eaux ont
la blancheur du lait. Le troisième est le Nil Vert,
descendant du Sud-Est (par conséquent le Nil
proprement dit des modernes), dont l'eau verte

____

(1) Bruce, I, p. 543; III, 646.
(2) Quatremère, l. c. II, p. 7—21.

8.

est si claire que l'on voit les poissons au fond.
Les quatre petits fleuves viennent également du
Sud-Est et se réunissent au Nil Vert (on les
trouve sur la carte de Bruce). Le pays placé entre ces fleuves est l'empire Alua, qui commence
là où le premier de ces fleuves (le Tacazzé) se
joint au Nil. La capitale de l'empire, appelée
Sujah, belle ville bien bâtie, est située dans la
contrée où le Nil Blanc et le Nil Vert confondent
leurs eaux (1). Entre ces fleuves il y a une île
dont on ne connaît pas l'étendue. Il est donc
constant que cette île, ou l'empire Alua, est
l'ancienne île de Méroé.

Diodore de Sicile en a déterminé la grandeur
d'une manière positive. « Elle a, dit-il (2), trois
mille stades ou cent vingt-cinq lieues de long,
et mille stades de large.

Pline enfin fixe par milles la distance de Syène
en Égypte. Ératosthène, dit-il (3), avait compté
six cent vingt-cinq, Artemidore six cents milles
romains ; mais peu de temps avant lui on avait
mesuré sous Néron la distance, et on avait

---

(1) Bruce cite sur sa carte une ville Halfaja, dont le nom
vient peut-être d'Alua.

(2) DIODORE, l. c.

(3) PLINE, VI, 29.

trouvé qu'elle s'élevait jusqu'au commencement de l'île à huit cent soixante-treize milles. »

Toutes ces mesures peuvent être justes selon le chemin que l'on prenait pour y aller. Les envoyés romains avaient choisi le chemin le plus long, en suivant toujours le cours du Nil; les géographes grecs comptèrent d'après la route de caravanes plus courte qui abandonnait le Nil et passait par le désert Bahiuda. Le célèbre voyageur anglais Bruce alla par un chemin encore plus court de Méroé à Syène, en traversant tout droit, à l'Est du Nil, le grand désert de la Nubie, le même chemin qu'après lui Burkhardt prit de Syène pour se rendre à Méroé.

De toutes ces indications on peut tirer avec certitude les résultats suivants :

1º L'ancienne île de Méroé est la province actuelle d'Atbar entre le fleuve du même nom ou Tacazzé sur le côté droit, et le fleuve Blanc et le Nil sur le côté gauche. L'île commence au point de jonction du fleuve Tacazzé avec le Nil; et au Sud elle est enfermée par le bras dudit fleuve, le Waldubba, et par le bras du Nil le Bahad, dont les sources sont près l'une de l'autre quoiqu'elles suivent des directions différentes (1). Elle est située entre le 13e et 18e degré

____

(1) Voyez la grande carte de Bruce, où l'on trouve aussi

de latitude Nord. Dans les temps modernes, elle formait la plus grande partie du royaume Sen-naar; le côté méridional appartient à l'Abyssinie.

2° Méroé fut donc un grand pays entouré de fleuves qui, quant à sa surface, surpassait la Sicile de la moitié. Ce n'est point une île dans la force du terme, puisqu'elle n'est pas enfermée de toutes parts, mais on la prit pour une île du Nil, parce qu'on considérait, d'après le témoignage de Pline, les différents fleuves qui l'en-touraient tous comme des bras du Nil (1). Aussi, selon le rapport de Bruce, lors du débordement des fleuves dans la saison pluvieuse, elle se transforme tout-à-fait en île.

3° Dans l'île de Méroé se trouvait la ville du même nom. Il n'est pas encore possible d'en fixer exactement l'emplacement d'après les indications d'Hérodote. Mais heureusement d'autres auteurs viennent à notre secours. Selon Ératosthène (2), elle était placée à sept cents

---

ces petits fleuves et leurs bras, dont les noms n'ont pu être consignés sur notre carte.

(1) PLINE, V, 9. Hérodote est ici encore le seul auteur qui parle d'une manière positive. Il ne fait mention que de la ville de Méroé, sans appeler le pays dans lequel elle est située, une île.

(2) STRABON, p. 1134.

stades au-dessus du point de jonction du Nil et du Tacazzé ou de l'Astaboras. Pline compte, d'après les renseignements donnés par les émissaires de Néron, soixante-dix milles romains, et ajoute encore qu'à côté de cette ville, dans le fleuve sur le côté droit, en remontant le torrent, il y avait une petite île nommée Tadou qui lui servait de port (1).

Il en résulte que la ville de Méroé n'était pas placée sur le Tacazzé, mais sur le Nil proprement dit, et sa position est déterminée avec la plus grande exactitude, à part la faible différence dans l'indication de Pline et d'Ératosthène, par la petite île de Tadou, que Bruce n'a pas oublié de marquer sur sa carte.

L'ancienne ville de Méroé était située un peu au-dessous du Chandi actuel, par 17 degrés de latitude Nord, et 32¹⁰ degrés de longitude Est. Le chevalier Bruce vit ses ruines de loin, et n'osa que présumer ce que je crois avoir démontré jusqu'à l'évidence, grace aux témoignages des anciens. Mes lecteurs liront sans doute avec plaisir les propres paroles de ce célèbre voyageur (2).

«Nous quittâmes, dit-il, le 20 octobre au soir,

____

(1) Pline, VI, 29.
(2) Bruce, IV, p. 541.

Chandi, et nous établîmes notre gîte à deux milles
anglais de la ville. Le 21, de grand matin, nous
continuâmes notre voyage; à neuf heures nous
fîmes une halte après avoir fait dix milles. Ici
commence une grande île nommée *Curgo*, qui,
pendant plusieurs milles, est couverte de villages, d'arbres et de blé. En face est la montagne
Gibbairy, où je trouvai la première scène de
ruines depuis que j'avais vu celles d'Axum en
Abyssinie. Nous y aperçûmes des débris de piédestaux cassés, comme ceux d'Axum, destinés
à des figures de chiens; en outre aussi quelques
morceaux d'un obélisque avec des hiéroglyphes
presque entièrement effacés. Les Arabes nous
racontèrent que ces ruines étaient d'une vaste
étendue, et qu'on y déterrait beaucoup de statues
et de figures d'animaux; que les statues étaient la
plupart en pierre noire.—On ne peut, ajoute ce
voyageur, se défendre de la conjecture que l'ancienne ville de Méroé fut placée dans ces lieux.»

Ce que Bruce, et après lui Burkhardt (1), ne
virent qu'à une certaine distance et en passant,

---

(1) Burkhardt (p. 275) indique lui-même les motifs
qui le forcèrent à ne voir que si peu de chose des antiquités. Voyageant en qualité de pauvre marchand, il ne put
s'éloigner de la caravane pour ne pas faire naître des soupçons.
« Quand même les chefs-d'œuvre de Thèbes, dit-il, au-

n'a pas seulement été visité par le voyageur le plus moderne, mais nous a aussi été présenté dans des copies.

Ces recherches ont constaté que ces antiquités de Méroé ne se sont pas restreintes à un seul lieu, mais se trouvent éparses dans plusieurs endroits. Tout le district de Chandi jusqu'à Gerri en est rempli, et doit être regardé comme le sol classique. Nous aurons encore à citer au Nord de l'île un groupe, celui du mont Berkal, dont on ne peut nier qu'il n'appartienne à Méroé. J'y reviendrai plus tard, et je parlerai d'abord des antiquités contenues dans l'île de Méroé.

Selon nos notions actuelles, celles-ci peuvent être rangées en trois principaux groupes, auxquels on donne les noms d'Assur, de Naga et de Messura. Les monuments d'Assur (1) se rencontrent un peu au Nord de Chandi, à environ une lieue du Nil; les deux autres groupes au

---

raient été à côté de moi, je n'aurais pu m'arrêter. » Il n'alla pas au-delà de Chandi; il ne put donc pas voir les monuments au Sud de cette ville.

(1) Le nom d'Assur ne se trouve que chez Cailland. Chez Bruce et Burkhardt, la contrée porte le nom de Dsebail, à cause des montagnes. Un village sur le Nil y est appelé Assur. Dans son voisinage sont les villages Danqueil et Tenedbey.

Sud, vers le désert, et à quelques lieues du Nil.

Les monuments encore debout se composent de temples et de pyramides; toutes les demeures particulières ont disparu depuis long-temps (selon Strabon (1), elles n'étaient construites qu'avec des toits de palmier fendu et des tuiles); mais dans plusieurs endroits le sol est tellement couvert de briques qu'il faut admettre que jadis une ville s'élevait dans cette enceinte.

D'après les indications données ci-dessus, on ne pourrait plus conserver le moindre doute sur l'emplacement de l'ancienne ville de Méroé, quand même il n'en resterait plus un seul débris pour en démontrer l'exactitude. Elle était acculée à l'Assur moderne, à environ sept lieues au Nord du Chandi actuel, sous 17 degrés de latitude Nord. L'aire de l'ancienne ville, située sur le Nil, entre les villages d'Assur et de Tenedbey, offre encore aujourd'hui les restes de quelques temples, et quelques autres constructions en grès. Toute son étendue comporte, selon Caillaud, treize cents mètres (2). La plaine présente

- - -

(1) STRABON, p. 1177.

(2) Il n'est question que de l'aire des ruines encore existantes. On conçoit facilement que la ville a pu être plus grande.

assez d'espace pour une ville beaucoup plus grande.

Mais si les demeures des vivants disparurent en ce lieu, celles des morts en récompense s'y sont bien conservées. A l'Est d'Assur se trouve le *Cimetière de pyramides*, (car je ne saurais guère le désigner d'une manière plus convenable), ce qui indique églement le voisinage d'une ville considérable. Ce n'est pas sans étonnement qu'on voit cette quantité de monuments : Caillaud n'en mentionne pas moins de quatre-vingts sur sa carte (1). Leur nombre qui est, à ce que je crois, bien plus considérable qu'on ne le pense, ne saurait être fixé avec certitude, puisque les débris de plusieurs d'entre eux sont douteux.

On distingue trois groupes : l'un à l'Est de la ville, les deux autres à une lieue du fleuve, l'un au Sud, l'autre au Nord. Le groupe exposé le plus au Nord contient les monuments les plus élevés et les mieux conservés. Ils sont, à la vérité, petits, comparés à ceux de l'Égypte centrale ; la hauteur des plus grands ne passe pas quatre-vingts pieds (2); mais leur nombre est d'autant

____

(1) Caillaud , pl. XXXI.
(2) *Ibid.* , pl. XLV.

plus surprenant. Construits comme ceux d'É-
gypte, en grès, l'intérieur des édifices ne semble
cependant pas êtr. aussi massif que dans ce dernier pays. On monta sur le monument le plus
élevé du groupe; et les combles s'étant écrou-
lés, l'intérieur n'offrit que l'assemblage de masses
informes. Mais comme jusqu'ici on n'a pas exa-
miné l'intérieur d'aucun de ces édifices, on n'est
pas encore en état de juger cette question. Les
grands édifices ont la plupart un avant-corps de
bâtiment semblable à un temple en style égyptien ; un pylone avec un portail, qui conduisait
dans un portique, et de là par un sanctuaire à
la pyramide. Il paraîtrait donc qu'on ne cherchait point ici, comme en Égypte, à cacher l'entrée, si toutefois l'entrée citée l'était réellement.
Ce n'est que la recherche de l'intérieur qui
montrera s'il s'y trouve des sarcophages avec des
momies. Aucune momie, que je sache, n'a été
trouvée en dehors de l'Égypte, au Sud de Philæ
et des cataractes.

Selon Strabon, les morts n'étaient pas em-
baumés chez les Éthiopiens, mais enterrés d'une
autre manière; entre autres dans des vases de
terre près des sanctuaires (1).

Les bords de la pyramide sont munis en par-

---

(1) Strabon, p. 1178.

tie d'ornements; les parois des pylones portent des sculptures. Celles de la plus grande pyramide, copiées par Caillaud, représentent des sacrifices de morts (1). On voit sur un champ une guerrière habillée richement et portant dans sa coiffure les insignes de la royauté, qui amène un certain nombre de prisonniers devant les dieux; sur l'autre champ, en costume militaire, elle est sur le point de terrasser le même groupe dont elle tient les têtes par les cheveux, comme nous le verrons encore sur les ruines de Naga. Sur un troisième relief dans le sanctuaire, elle offre à la déesse un sacrifice d'encens. Sur un quatrième champ, on voit paraître Anubis, accompagnée du chacal, gardien des enfers, tenant une torche allumée à la main. Cette sculpture, jointe à la grandeur de la pyramide, fait présumer que c'est l'asile funèbre d'un roi.

Le nombre des pyramides dénote qu'elles ne servaient pas toutes de sépulcres aux rois. D'autres grands de l'empire, surtout des prêtres d'un rang élevé, ou ceux qui avaient été promus à la dignité sacerdotale, y auront trouvé leur dernier asile. Ainsi, en Éthiopie, à Méroé, la construction des pyramides fut en usage dès les temps les plus reculés. Mais en comparant ces pyramides

____

(1) CAILLAUD, pl. XLVI.

avec celles des Égyptiens, il se présente un fait déja avéré et qui se trouvera encore attesté, que tout ce qui avait été commencé en Éthiopie, était fini en Égypte.

Les renseignements fournis par Caillaud n'ont pas été seulement confirmés, mais leur cercle a même été étendu, grace aux relations de M. Rüppel de Francfort qui s'est également avancé jusqu'à Méroé. Ce voyageur nous apprend que l'île de Kurgos renferme aussi de semblables groupes de pyramides.

« Après avoir eu assez long-temps devant les yeux lés ruines de Kurgos, dit Rüppel, je parvins à les visiter sous escorte. Au-delà du Nil je cheminai cinquante-sept minutes par une plaine remplie de limon. On voyait des traces d'anciens canaux encombrés, parallèles avec la direction du lit du Nil, ce qui prouve combien cette contrée était autrefois cultivée. Après dix minutes de marche on rencontre un grand monceau de pierres taillées et cuites. Le temps a tout détruit. A peine découvrait-on quelques fûts de colonnes, dont les chapiteaux étaient ornés de têtes d'animaux; mais voilà aussi une preuve que c'étaient autrefois des temples (1).

----

(1) *Schreiben von* Eduard Rüppel, *aus dem Lager bei Kurgos* (Lettre d'Édouard Rüppel, écrite du camp de

« A douze minutes de marche venait un groupe de mausolées en forme pyramidale. Ils étaient au nombre de treize, tous en pierres taillées, de quarante piéds de haut, sans entrée. Dans le voisinage on voyait la tête d'un lion en granit noir; évidemment un sphinx assis. —Puis après une demi-heure à l'Est, on arrive à un groupe de vingt et un sépulcres bien plus considérable que le premier. Quelques-uns ont la forme pyramidale avec des bords obtus, d'autres ont des angles pointus et des bords garnis d'une enceinte polie; un de ces monuments, le plus méridional, se distingue particulièrement parmi tous les autres.

«Une tour prismatique s'élève sur un socle de vingt pieds carrés. Elle a, comme les autres monuments, une entrée à l'Est, qui sert de galerie, comme dans les tombeaux de Méroé. Les murs sont ornés d'excellentes sculptures; mais les reliefs, comme ceux de Méroé, d'une plus grande perfection, représentent toujours l'apothéose des défunts. Parmi ces pyramides il

---

Kurgos) du 26 février 1824, dans *Europäische Blätter* (feuilles européennes), p. 131—134.

Ceci a été répété et confirmé par le Dr Édouard Rüppel dans ses voyages en Nubie et dans l'Arabie Pétrée, p. 113—116.

y en a une, comme parmi celles de Méroé, qui
a une entrée toute particulière. Des deux côtés
de l'entrée on voit deux figures de femmes qui
tiennent une lance à la main, et qui se disposent
à percer avec cette arme une troupe de prisonniers. Le vêtement, la posture et le maintien
sont d'un fini qui surpasse tout ce que j'ai vu
de ce genre en Nubie et en Égypte même, sans
en excepter le temple de Tentyris. Ils n'ont pas
la roideur du Briarée. Ces monuments semblent
être postérieurs à ceux de Méroé, même à en
juger par l'état de leur conservation.

« Un troisième groupe se trouve à cinq minutes Sud-Est des précédents. Ce sont neuf pyramides dont chacune a une entrée à l'Est, et
dont les murs intérieurs sont ornés de sculptures.
Leurs reliefs ne représentent que des apothéoses
de femmes; tandis que partout ailleurs figurent
des héros à qui on offre des sacrifices. Aussi ces
mausolées méridionaux sont les plus petits; les
plus élevés n'excèdent pas quarante pieds. Dans
le groupe de vingt et une pyramides, il y en a
qui ont quatre-vingt-dix pieds. Tous ces monuments sont construits en pierres taillées, sans
mortier. »

Les antiquités au Sud de Chandi, celles de Naga
et de Messura sont d'une autre espèce. Ce sont
des temples. La ville de Méroé, à la vérité, n'en

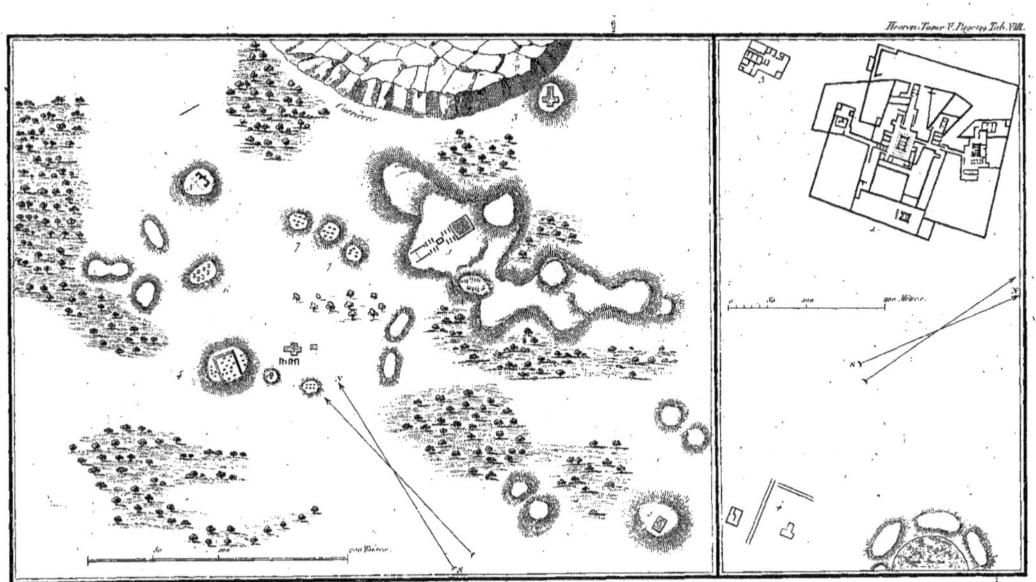

AIRE DES TEMPLES DE MÉROÉ À NAGA PRÈS DE CHANDI.

1. Grand Temple à l'Est. 2 Temple au Sud-Est. 3 Petit-Temple à l'Est. 4 Temple à l'Ouest. 5 Ruines d'un Temple.
6. Débris de Colonnes. 7 Collines de Briques.

TEMPLE À EL MEÇAOURAH

1. Grande construction de Temple. 2 Temple Central.
3 Temple au Nord-Ouest. 4 Ruines.

était pas privée ; car dans le plan de Caillaud il y en a deux d'indiqués, mais ils ne semblent pas avoir été d'une haute importance. Les dernières découvertes ont montré que les grandes constructions de temples ne se trouvaient pas dans la ville, mais qu'elles en étaient éloignées de plusieurs lieues. Je commencerai d'abord par les passer toutes rapidement en revue.

Les monuments de Naga ou de Naka sont à environ six lieues Sud-Est de Chandi, et à la même distance à l'Est du Nil (1). Ils se composent de plusieurs temples, dont le plus grand est placé au milieu, et d'autres plus petits rangés autour de celui-ci dans d'autres directions. Les ruines prouvent qu'une ville assez importante a fleuri en ce lieu.

Les débris du temple principal montrent clairement à quel dieu il était consacré. Une galerie de statues de béliers couchés conduit à un portique ouvert de dix colonnes, d'où l'on passe par une seconde galerie pareille au pylone. On entre par un portique de huit colonnes dans une colonnade, et l'on pénètre enfin par un troisième portail dans le sanctuaire. Les portes, les colonnes et les murs du sanctuaire sont en pierres

---

(1) CAILLAUD. *Voyage à Méroé*, pl. XI—XXI.

taillées ; le reste est en briques avec un enduit sur lequel on découvre des traces de peinture. Les pylones et les colonnes sont couverts de sculptures soigneusement ouvragées, parmi lesquelles se distinguent surtout celles qu'on trouve sur le premier pylone, des deux côtés du portail (1).

Un roi et une reine (ils portent les insignes de la souveraineté) sont accueillis gracieusement par les dieux ; elle, par Ammon à la tête de bélier ; lui, par ce dieu sous forme humaine, mais sans autres marques distinctives.

On voit en haut, dans la frise, des oblations faites par le roi et la reine aux mêmes dieux ; en bas, sur le plancher, des servantes tenant des vases d'où elles versent de l'eau. L'édifice est de style égyptien, mais pourtant de grandeur moyenne. L'ensemble, depuis le premier pylone jusqu'au bout, a environ quatre-vingts pieds de long. L'accès a aussi quelque chose de particulier : la double galerie de béliers, devant et derrière le portique, n'est pas ordinairement en usage, et le plan de tout l'édifice semble indiquer que l'architecture n'était pas encore parvenue à cette perfection qui se montre plus tard dans les grands temples de l'Égypte.

____

(1) Caillaud, pl. XIX et XX.

Si le temple occidental est moins grand, il est
en récompense orné de plus de sculptures. Nous
apercevons sur les pylones les mêmes scènes
que nous avons déja vues sur les pyramides d'Assur. Un guerrier d'un côté, une guerrière d'un
autre, renversent un certain nombre de prisonniers qu'ils tiennent réunis par les cheveux (1).
C'est un roi et une reine, car ils portent les em-
blèmes de la souveraineté, l'*ureus* sur la coiffure;
au-dessus de chacun d'eux plane un aigle avec un
globe; tous deux sont habillés magnifiquement.
Les sculptures du bas figurent une file de prisonniers marchant un à un, les mains liées derrière
le dos. Les reliefs de l'intérieur représentent l'oblation des prisonniers aux dieux. La série supérieure renferme les cinq dieux mâles : Ammon
avec sa suite; en première ligne le dieu à la tête de
lion et aux cornes de bélier; derrière lui Ammon
en personne; Ré, le dieu du soleil; son fils Phtha,
et de nouveau Ammon avec la tête de bélier. La série inférieure comprend les déesses, également au
nombre de cinq, et ayant en tête Isis, qui a déja reçu
et tient les prisonniers qu'on lui a offerts. Le roi,
avec une suite d'hommes, présente les prisonniers
sur le plan supérieur, et la reine, avec ses femmes, offre ceux qui remplissent le plan inférieur.

____

(1) CAILLAUD, pl. XIV, XVI.

Le sujet suivant est encore plus surprenant : on y voit le même dieu à la tête de lion et aux cornes de bélier, mais avec deux têtes et quatre bras (1). C'est le seul morceau de sculpture de cette espèce que je connaisse, depuis les sources du Nil jusqu'à son embouchure, et en même temps le seul qui puisse rappeler les sujets indiens. D'un côté s'avance le roi, de l'autre la reine, portant dans la main des tablettes qui contiennent apparemment les listes de leurs offrandes et sacrifices.

Il est évident que ces sujets ont un cachet original, et qu'ils ne sont pas d'une nature tout-à-fait égyptienne ; cette remarque cependant ne s'applique pas à la religion. Le culte d'Ammon avec celui de sa famille et de ses dieux secondaires, ne diffère pas pour les choses essentielles de celui de la Haute-Égypte. Le relief que nous venons de décrire, présente cette famille divine presque en entier. Mais la différence la plus remarquable se manifeste dans les personnages qui apportent les offrandes. A côté des rois paraissent les reines, ne venant pas seulement sacrifier, mais se présentant comme héroïnes victorieuses.

---

(1) Caillaud, pl. XVIII.

Jusqu'alors on n'avait rien vu de semblable sur les reliefs de l'Égypte, ni dans ce pays, ni en Nubie. Nous pouvons en conclure avec raison que ce sont proprement des sujets éthiopiens, c'est-à-dire des sujets qui se rapportent aux anciens souverains et aux anciennes souveraines de Méroé, et qui sont consacrés au souvenir de leurs exploits. Lorsque nous interrogeons l'histoire, elle ne nous laisse pas manquer sur ce point d'éclaircissements généraux.

« Chez les Éthiopiens, dit Strabon (1), en parlant de Méroé, les femmes aussi sont armées. » Nous savons en outre qu'elles occupaient également le trône. Sur le relief dont nous avons donné l'explication plus haut, et qui représente la soumission de l'Éthiopie, c'est une reine qui paraît devant Sésostris comme prisonnière avec ses fils (2). Une longue série de reines doit avoir régné dans ce pays sous le nom de Candace (3). Le siége de l'empire de Méroé ayant été transporté à Napata, près du mont Berkal, ce fut encore une reine qui, sous le nom de Candace, y tint les rênes du gouvernement (4). Il ne paraîtra

----

(1) Strabon, p. 1177.
(2) Voyez p. 80 de ce volume.
(3) Pline, IV, 35.
(4) Strabon, p. 820, *Acta Apost.*, VIII, 27.

donc pas étrange, mais plutôt conforme au caractère éthiopien, de voir une reine figurer comme guerrière à côté de son époux, quoique l'histoire n'ait rien établi de particulier à cet égard.

Mais ce qui est bien surprenant, c'est le fini qu'on remarque ici dans la sculpture. Elle ne le cède en rien à celle des monuments égyptiens, et semble même la surpasser pour la hardiesse des poses.

« Ces figures colossales de dix pieds, dit Caillaud (1), sont remarquables par la richesse de leurs vêtements et par le style de leur dessin; leurs pieds et leurs bras sont plus forts que ceux des Égyptiens; mais néanmoins c'est en général le style de ce dernier peuple. »

Rüppel reconnaît aussi une pareille perfection aux pyramides de Kurgos.

Est-ce à des artistes éthiopiens qu'il faut attribuer cette perfection; ou bien ces monuments datent-ils de la période brillante de l'empire de Méroé au huitième siècle avant notre ère, lorsque la dynastie de Tirhako et de Sabako régnait sur la Haute-Égypte? On conçoit qu'il devait être facile à ces rois d'envoyer des artistes égyptiens à Méroé pour s'immortaliser dans leur patrie par

---

(1) CAILLAUD, pl. XVII. *Explication.*

des constructions gigantesques. L'avenir éclaircira peut-être un jour cette question (1).

Mais le second emplacement, appelé aujourd'hui El Messura, dont nous devons la connaissance et la copie à M. Caillaud, est peut-être encore plus curieux.

« Dans une grande vallée du désert, dit ce voyageur (2), à huit lieues Sud-Est de Chandi, et à six lieues du Nil, il y a un nombre considérable de ruines : elles consistent en huit petits temples qui sont tous réunis par des galeries sur des terrasses. C'est une bâtisse immense, composée d'une foule de chambres, de cours, de temples et de galeries, et entourée d'une double enceinte. Du temple central on arrive aux autres par trois galeries ou terrasses, qui ont cent quatre-vingt-cinq pieds de long. Chaque temple a ses appartements particuliers. Ces constructions sont-parallèles ; on compte huit temples, trente - neuf

____

(1) Ce qui est bien remarquable, c'est qu'on trouve ici, à côté des monuments les plus anciens, un portique en style grec (Caillaud, pl. XIII.); ce qui prouve bien de la manière la plus péremptoire la plus haute antiquité des autres.

(2) Extrait de sa lettre dans les *Nouvelles Annales des Voyages*. t. XVI, p. 128; et les pl. XXII—XXX de son grand ouvrage.

chambres, vingt-six cours, douze escaliers, etc.
Les ruines couvrent une surface dont l'étendue
s'élève à plus de deux mille cinq cents pieds.

« Mais dans cette infinité de ruines tout est
calqué sur une échelle plus petite, depuis les monuments jusqu'aux matériaux dont on s'est servi
pour les élever.

« Le plus grand temple n'a que trente-quatre
pieds de long ; les colonnes sont ornées de figures
en style égyptien ; il y en a d'autres du même
portique qui sont cannelées dans le genre grec ;
j'ai cru reconnaître sur la base d'une de ces colonnes les restes d'un zodiaque. Le temps et les
éléments qui ont détruit l'ancienne Saba, semblent avoir voulu nous conserver l'observatoire
de Méroé, dont on peut encore dresser tout le
plan sans rencontrer le moindre obstacle. On est
étonné de trouver dans ces ruines si peu d'hiéroglyphes. Il n'y en a que sur les six colonnes
qui forment le portique du temple central ; les
autres murs sont dépourvus de sculptures.

« A quelques cents pas des ruines sont les
débris de deux autres petits monuments, et les
traces d'un grand réservoir d'eau entouré de collines qui le garantissent des sables. On ne trouve
ici aucune trace de ville, aucune colline de dé-
combres, aucun tombeau. Si la ville de Méroé
avait été comprise dans cette enceinte, on n'au-

rait pas construit les pyramides à deux journées
de distance. Je crois qu'il y avait dans ce lieu le
collége de Méroé; la forme et la structure semblent étayer cette opinion. La ville était dans le
voisinage des tombeaux, où sont les pyramides. »

Arrêtons-nous ici : j'aurais voulu pouvoir présenter le plan de M. Caillaud en grand (1); cependant j'aime à croire que celui qu'on trouvera ci-
joint suffira pour donner une idée de l'ensemble(2).
On a un aperçu de toute l'enceinte. Au milieu, le
temple principal; aux différents côtés les temples
secondaires , si toutefois ce ne sont pas d'autres
édifices. Il n'y a que les nombreux corridors , les
chambres et les cours qu'on n'a pu représenter
en entier. Les deux temples secondaires, avec le réservoir d'eau , sont un peu éloignés de l'enceinte.

Pour donner librement et franchement mon
opinion , je regarde ce monument comme l'ancien
temple d'oracles de Jupiter Ammon , lequel, j'en
conviens , peut avoir subi de grands changements
dans le cours des siècles par des bâtiments addi-
tionnels et des réparations. On est conduit à cette
idée par l'examen du plan d'édification. Il explique

____

(1) CAILLAUD , pl. XXII.

(2) Voyez le plan. Presque involontairement on pense, à
cette vue , au labyrinthe d'Égypte. Qui peut dire s'il n'y a
pas aussi en ces régions des établissements souterrains ?

à lui seul cette singulière construction : ce labyrinthe de corridors et de cours qu'il fallait traverser avant de parvenir au temple mystérieux du
centre. Certes on avait le temps de se préparer
suffisamment avant d'arriver au sanctuaire.

Mais nous n'avons pas besoin de nous en
tenir aux conjectures. Un passage de Diodore
fixe d'une manière plus exacte l'emplacement
de l'ancien temple, et confirme singulièrement
l'explication que nous venons de donner. Il nous
apprend que ce temple n'était pas dans la ville
de Méroé, mais qu'il en était bien éloigné, dans
le désert, où nous le trouvons réellement. Lorsque du temps des Ptolémées un souverain de
Méroé renversa la domination sacerdotale, il
alla, à la tête d'une troupe armée, dans la région isolée où était le temple d'or, surprit les
prêtres et les tua (1). Quelles autres preuves de-

---

(1) Diodore, I, p. 178. Ὁ Βασιλεὺς παρῆλθε μετὰ τῶν
στρατιωτῶν εἰς τὸ ἄβατον, οὗ συνέβαινεν εἶναι τὸν χρυσοῦν ναὸν τῶν
Αἰθιόπων. — Et dans Strabon, p. 1178. Ἐπιὼν μεθ᾽ ὅπλων ἐπὶ
τὸ ἱερὸν, ὅπου ὁ χρυσοῦς νεώς ἐστι.

Mais que signifient ces mots : « dans le sanctuaire où est
le temple d'or ? » Si le passage est exact, il faut entendre
par-là un petit temple portatif qui faisait partie des objets
sacrés. Je ne doute cependant pas qu'au lieu de ναὸς dans
Diodore et Strabon, il ne faille lire ναῦς, et le traduire
alors par : la nef d'or. Nous verrons par la suite que ceci ne

mandera-t-on lorsque la position, la structure
et l'emplacement viennent les offrir ?

La forme exiguë du temple principal n'a rien
qui doive nous surprendre; nous avons déja vu
la même chose pour Ammonium, dans le désert
de la Libye (1). Ce n'était probablement que
l'endroit consacré à la garde de la nef qui était
placée ou sur ou entre les piliers du sanctuaire.

La position dans le désert nous est déja assez
connue par l'exemple que nous venons de citer;
et cela surprendra encore moins quand on saura
qu'une des grandes routes commerciales y passait.

Le temple principal étant si petit, les autres
temples secondaires ne peuvent guère être considérés que comme des chapelles. En général on
ne connaît pas précisément l'usage auquel ils
étaient destinés. C'est donc avec raison que
M. Caillaud leur donne, sur sa planche, le nom
de *constructions*. Les détails étaient petits, mais
l'ensemble était grand.

Une chose digne de remarque, c'est la rareté des
sculptures et des hiéroglyphes. Nous ne voyons

---

devait nullement manquer dans ces temples d'oracles d'Ammon. On voit facilement comment le texte a été corrompu.
Probablement la faute se trouvait déja dans la source où ces
deux auteurs ont puisé.

(1) Voyez p. 234 du quatrième volume de cet ouvrage.

ici aucune trace d'art égyptien. Le peu de figures à peine reconnaissables sur les colonnes n'en ont pas le moindre caractère; une d'entre elles a évidemment la chevelure des Nubiens (1).

Ce n'est qu'avec une certaine probabilité que nous pouvons indiquer les rapports qu'il y avait entre les établissements de Messura et ceux de Naga. Si Messura renfermait le temple d'oracles, la division des prêtres chargés de veiller aux oracles devait y avoir nécessairement sa demeure. Cette partie de la caste sacerdotale sans doute la moins nombreuse, jouissait probablement aussi de la plus grande autorité. Mais Naga, au contraire, peut être considéré comme le siége principal du sacerdoce. Il y avait une quantité de temples non-seulement consacrés au dieu Ammon, mais aussi aux dieux de sa famille (2); on voit ici des traces d'une ville qui pouvait offrir aux prêtres des demeures commodes, dont on ne trouve pas de vestiges à Messura (3).

______

(1) Caillaud, pl. XXX.

(2) Hérodote cite Dionysus ou Osiris; Strabon (l. c.), Hercule et Pan.

(3) D'ailleurs, d'après les renseignements donnés par les Arabes, il y aurait encore dans l'intérieur du pays, au Sud de Messura, près d'un endroit nommé Mandera, de grandes ruines. Selon sa position, cet endroit pourrait être le *Da-*

Nous voilà donc arrivés à la région intéressante où l'antiquité plaça souvent le berceau des arts et des sciences, où l'écriture hiéroglyphique doit avoir été inventée, où s'élevèrent des pyramides et des temples avant que l'Égypte n'en connût. Cela nous conduit naturellement à ces questions : Qu'y avait-il là autrefois? Que fit-on en ce lieu ?

Quoiqu'il soit impossible de résoudre ces questions aussi complétement que nos lecteurs pourraient le désirer, plusieurs indices viennent néanmoins nous aider dans nos recherches. Partons de ce qui est reconnu comme avéré, et rattachons-y tout ce qui est vraisemblable.

Un fait certain, c'est qu'à part les tribus de pasteurs et de chasseurs menant à l'Ouest et surtout à l'Est du Nil une vie nomade jusqu'au

---

rum vicus de Ptolémée (IV, 8), si important sous le rapport du commerce, comme point de séparation des principales routes et directions suivies par les caravanes (*Voyage* de Rüppel, p. 118). Nous avons déjà fait remarquer ailleurs que les rendez-vous des caravanes ne sont pas d'ordinaire dans les capitales, mais à quelque distance de ces villes.

Cependant les dernières relations de M. Linant nous apprennent qu'il ne se trouve pas de ruines remarquables à Mandera.

(*Note inédite.*)

golfe Arabique, il y avait dans la vallée du Nil un peuple plus civilisé, lequel connaissait des demeures fixes, élevait des temples et des tombeaux, dont les débris excitent encore après tant de siècles notre admiration. Ce que nous pouvons considérer en outre comme positif, c'est que la civilisation de ce peuple se liait de préférence à sa religion, c'est-à-dire au culte de certaines divinités. Les ruines de leurs établissements le montrent trop clairement pour qu'on puisse le révoquer en doute.

Ce culte lui-même n'est en général pas incertain, c'est celui d'Ammon et des dieux ses parents. Le cercle de ces divinités a à peu près la même étendue, et peut-être une plus grande que l'Olympe chez les Grecs; ce qui contribue à l'agrandir, c'est que ces mêmes dieux paraissent dans différentes relations, et par conséquent avec des attributs changeants, surtout avec diverses coiffures, et aussi sous diverses formes. Mais le culte d'Ammon est tellement prédominant, que l'on trouve partout ses insignes, les cornes de bélier, et qu'il est bien rare que les dieux de sa famille n'aient quelque chose de la divinité régnante.

Tout en abandonnant l'histoire de ces dieux aux mythologues, je crois, sans craindre d'être contredit, pouvoir affirmer que ce culte fut dans le principe le culte de la nature mise en rapport avec l'agriculture.

Les grands phénomènes de la nature sont adorés, parce qu'ils secondent, entravent ou empêchent l'agriculture. On conçoit que le soleil et la lune, comme régulateurs des saisons et des années; le Nil, la terre, comme sources de la fécondité; le désert, comme ennemi de toute culture, soient personnifiés; mais ce qui mérite surtout notre attention, c'est que, de tous les sujets figurés de la Nubie venus jusqu'à présent à notre connaissance, il n'y en ait pas un seul qui, selon nos idées européennes, choque les convenances.

Ce culte reposait en outre, comme nous le savons d'une manière positive, sur un second fondement, c'est-à-dire sur des oracles.

Ammon fut le premier dieu qui rendit des oracles en Afrique; lors même que plus tard en Égypte d'autres dieux en rendirent également; ces dieux furent tous de sa race, de sa famille. Mais, hors d'Égypte, nous n'entendons parler que des oracles d'Ammon.

« Ceux qui habitent Méroé, dit Hérodote (1), n'adorent, parmi tous les dieux, que Jupiter et Bacchus (Ammon et Osiris), leur rendent un

____

(1) Hérodote, II, 29.

culte solennel, et ont même un oracle de Ju-. piter établi chez eux. Ils ne font la guerre que d'après ses avis, et seulement là où il leur ordonne de la porter. »

Comment ces oracles étaient-ils rendus? C'est ce que nous savons en partie par des instructions qui nous sont parvenues, en partie par les copies des monuments.

Dans le sanctuaire était une nef qui renfermait plusieurs objets sacrés ; mais ce qu'on estimait le plus était un tabernacle portatif, placé au milieu, entouré de rideaux qu'on pouvait relever. Il y avait dans ce tabernacle une image de la divinité qui, selon Diodore, était garnie de pierreries (1), mais qui, selon un autre auteur, n'aurait pas eu de figure humaine (2). La nef paraît avoir été superbe dans les grands temples; Sésostris en donna une en bois de cèdre au temple d'Ammon, à Thèbes, laquelle était argentée en dedans et dorée en dehors (3), et ornée de

______

(1) Diodore, III, 199.

(2) Quinte-Curce, IV, 7. Je ne crois pas à cette indication, non-seulement à cause du témoignage contraire de Diodore, mais aussi parce que nous voyons dans un monument, dont nous parlerons bientôt, l'image complète d'Ammon.

(3) Diodore, I, 67.

patères d'argent (1). Lorsqu'un oracle devait être prononcé, la nef était promenée en procession par plusieurs prêtres; certains mouvements, ou de la divinité, ou de la nef, dont les prêtres disposaient à leur gré, servaient de présages et formaient la base de l'oracle donné par le pontife (2).

On voit sur les monuments de la Nubie et de l'Égypte, cette nef représentée, ou debout, ou plus souvent portée, mais elle ne figure jamais ailleurs que dans le sanctuaire le plus reculé, où était sa place habituelle. Dans les copies des monuments de la Nubie, publiées jusqu'à nos jours, nous l'apercevons en deux endroits; à Essabuà et à Derri, et en chaque endroit deux fois. Les nefs d'Essabua sont toutes deux debout. Dans l'une, le tabernacle est enveloppé (3), mais dans l'autre il est sans rideaux, et Ammon y paraît assis sur un siége, ayant devant lui un autel chargé d'offrandes (4). Ici, le roi à genoux devant la nef est en adoration; là, il s'avance avec une offrande d'encens (le fait-il pour consulter l'oracle?).

____

(1) Il en est ainsi à Ammonium. QUINTE-CURCE, l. c.

(2) Voyez surtout le récit de la visite d'Alexandre à Ammonium, dans DIODORE, II, 199, et QUINTE-CURCE, l. c.

(3) GAU, pl. XLV, *B*. Ici le relief est présenté avec ses couleurs.

(4) *Ibid. A*. Ammon paraît ici avec la tête de bélier.

V.   10

Dans le sanctuaire du monument taillé dans le roc, à Derri, nous voyons la nef aussi deux fois. Une fois en procession, portée par un certain nombre de prêtres (1); le tabernacle est enveloppé; le roi vient au-devant pour offrir de l'encens. Une autre fois elle est dans son état de repos (2). On aperçoit la même procession, non-seulement dans les grands temples égyptiens de Philæ, d'Éléphantis et de Thèbes (3), mais aussi dans la grande Oasis. La nef sacrée était donc la nef d'oracle, et partout où nous l'apercevons, il faut admettre qu'il y avait un oracle d'Ammon, ou du moins qu'il devait y en avoir.

Mais, demandera-t-on, d'où vient l'idée d'une nef? La réponse semble se présenter d'elle-même. S'il est reconnu que le culte d'Ammon se répandit par la fondation de temples et par des établissements le long du Nil, cette nef et la procession ne nous indiquent-elles pas la propagation figurée de ce culte. L'idée religieuse attachée à ces démonstrations publiques et si souvent répétées, ne s'explique-t-elle pas aussi naturellement que la propagation du culte faite par ordre

____

(1) Gau, pl. LI, C.
(2) Ibid., pl. LII.
(3) Description d'Égypte., pl. XIII, XXXVII, LXIX.

de l'oracle et regardée comme un devoir sacré ?

Il est certain que ces oracles étaient les principaux appuis de ce culte. Une grande lumière se répand sur son origine lorsque nous nous le présentons dans une liaison intime avec la nature et le sol du pays. Ici comme en Égypte la fertilité se borne aux rives du Nil. A une faible distance de ce fleuve, le désert immense vient engloutir toute végétation. Comment donc s'étonner qu'une masse d'hommes compacte se soit amoncelée pour ainsi dire sur les bords du Nil pour y récolter le *durra*, le seul blé cultivé en ces régions ? Et si pour satisfaire à leurs premiers besoins, ces hommes devaient se contenter du produit d'une portion de terre aussi limitée, cela ne dut-il pas donner forcément naissance à un culte de la nature ?

Cependant à toutes ces causes se joignit encore une autre circonstance très-importante. Méroé était en même temps, comme je le montrerai dans le chapitre suivant, l'entrepôt du grand commerce de caravanes que l'Éthiopie faisait autrefois avec l'Afrique septentrionale et l'Égypte, ainsi qu'avec l'Arabie Heureuse et même avec l'Inde.

Mais avant de nous occuper de ces matières, examinons d'abord ce que les auteurs anciens nous racontent de l'histoire de Méroé.

Suivant ces auteurs, Méroé était un état avec des lois, des institutions bien organisées, un gouvernement et des souverains. Mais la forme de cet état (forme qui se représente si souvent dans plusieurs autres empires de ces régions méridionales), était une hiérarchie sacerdotale; le gouvernement était entre les mains de cette caste, qui choisissait un roi dans son sein. Je transcris ici le témoignage de Diodore, qui nous a conservé à ce sujet les renseignements les plus détaillés et les plus positifs:

« Les lois des Éthiopiens, dit-il (1), diffèrent sous beaucoup de rapports des lois des autres peuples, mais surtout pour le choix de leurs rois. Les prêtres choisissent les principaux de leur caste, et celui que la divinité (Jupiter Ammon) désigne dans une grande solennité, est proclamé roi par le peuple. Celui-ci se prosterne aussitôt devant le nouveau monarque, et lui rend un culte comme à un dieu, parce que c'est par la volonté divine que les rênes du gouvernement ont été remises entre ses mains. Le prince élu jouit alors, quant à sa manière de vivre, de tous les avantages qui lui sont accordés par les lois. Il ne peut récompenser ni punir personne qu'au-

---

(1) Diodore, I, p. 177. Il est question de Méroé.

tant que cela s'accorde avec les coutumes et les lois.

« Il est d'usage chez eux de n'infliger à aucun sujet la peine de mort, même lorsqu'il est reconnu l'avoir méritée. On envoie au criminel un serviteur du tribunal qui lui transmet le signe de la mort. Dès que le coupable l'aperçoit, il rentre aussitôt chez lui et obéit à cet ordre.

« L'usage grec au contraire, qui consiste à se soustraire à la peine capitale par la fuite dans un pays voisin, n'y est point toléré. On raconte que la mère d'un jeune homme qui avait fait cette tentative, l'avait étranglé de sa propre ceinture, pour épargner à sa famille une ignominie encore plus grande.

« Mais ce qu'il y a de plus singulier, c'est l'institution qui concerne la mort du roi. Les prêtres de Méroé, chargés du culte des dieux, et occupant le rang suprême, envoient, quand bon leur semble, un messager au roi, et lui intiment l'ordre de se donner la mort. Ils lui mandent que telle est la volonté des dieux, volonté à laquelle l'homme doit se soumettre sans murmurer; ou bien ils ajoutent encore d'autres raisons convaincantes pour un esprit faible, habitué aux anciennes coutumes, et ne sachant rien leur opposer. »

La forme primitive de l'état continua de se

maintenir jusqu'aux temps de Ptolémée II, où
elle essuya une catastrophe qui n'est pas moins
curieuse que sa naissance. A la suite du grand
commerce que Méroé entretenait avec l'Égypte,
la philosophie grecque pénétra jusqu'en Éthiopie. Un jour, nous raconte Diodore (1), le roi
Ergamenès, fatigué du joug sacerdotal, surprit
les prêtres dans leur sanctuaire, les tua, et s'é-
leva au rang de véritable souverain. Ce fut là
l'effet des lumières grecques, ou peut-être aussi
de l'ambition des rois; chose à laquelle on ne se
serait guère attendu dans ces contrées reculées.

Il ne s'est conservé que des données va-
gues sur l'histoire de cet état avant la catastrophe dont nous venons de parler; mais elles
suffisent pour montrer sa haute antiquité et
son ancienne splendeur.

« C'est par les guerres avec les Égyptiens,
dit Pline (2), que l'Éthiopie fut ruinée; tantôt
puissante, tantôt asservie, elle fut célèbre du
temps de Troie, lors du règne de Memnon. A
cette époque, continue-t-il, Méroé doit avoir
eu deux cent cinquante mille hommes armés,
et quatre cent mille artisans (*artifices*). On y

(1) Diodore, p. 178.
(2) Pline, VI, 35.

compte encore aujourd'hui quarante-cinq rois. ».

Quoique ces données se perdent dans les ténèbres des traditions, nous pouvons cependant,
en remontant aux premiers temps de l'histoire,
indiquer des dates positives. Pendant le règne
des Perses, l'état de Méroé fut certainement grand
et indépendant, puisque Cambyse échoua, malgré ses immenses préparatifs contre lui, dans ses
projets de conquête (1). Durant la dernière dynastie des Pharaons de Sais, sous Psammétique
et ses successeurs, l'empire de Méroé ne se main-
tint pas seulement, malgré l'expédition de Psam-
mis contre l'Éthiopie; mais un fait important
explique même l'accroissement progressif de
l'empire vers le Sud, c'est-à-dire l'émigration de
la caste guerrière d'Égypte. Celle-ci se rendit à
Méroé, où le souverain lui fit assigner des demeures autour des sources du Nil, dans la contrée de Gojam, dont les habitants turbulents
furent expulsés (2).

---

(1) Hérodote, II, 25. Les relations de Strabon (p. 1139),
d'après lesquelles Cambyse serait venu jusqu'à Méroé, peuvent être mises d'accord avec celles d'Hérodote, si l'on entend par cette ville, le Méroé septentrional près du mont
Berkal.

(2) *Ibid.*, II, 30.

Il est donc certain que le territoire du souverain s'étendait alors depuis Méroé jusqu'à la contrée de Gojam ; mais sa domination était chancelante sur les frontières, parmi les tribus de pasteurs, et demandait à être consolidée par des établissements. En reculant encore d'un siècle, entre 800 et 700 avant J.-C., nous tombons dans la période brillante de cet état, contemporaine de celle des royaumes divisés de Juda et d'Israël, surtout du règne de Hiscias, et du siècle d'Isaïe, de 750 à 700, où les annales des Hébreux, les oracles des prophètes (1), et les données d'Hérodote, répandent une certaine clarté.

C'est là l'époque où les trois souverains les plus puissants, Sabako, Seuechus et Tarhako débutèrent comme conquérants. En tournant

----

(1) Quant aux difficultés chronologiques qui s'élèvent dans la collation de l'ère égyptienne avec celle des Hébreux, Gesenius (*ad Isaïam*, XIX, 1) a proposé de les lever, en donnant au règne du Pharaon Necon, au lieu de seize ans de durée, quarante-six, ce qui ferait remonter de trente ans la période de Psammetique et celle des douze. Il faut attendre, pour se prononcer, que les interprétations des monuments de l'Égypte viennent jeter quelque lumière sur cette question. Mais l'indication qui place la période brillante de Méroé entre 800 et 700, n'en reste pas moins la même.

leurs armes contre l'Égypte (qui porte leurs
noms sur ses monuments), ils soumirent ce pays,
du moins la partie supérieure, dont la conquête
fut facilitée par les dissensions fatales qui précédèrent le règne des douze.

Selon Eusèbe (1), Sabako gouverna douze ans,
Seuechus autant, Tarhako vingt ans; dans Hérodote, qui ne connaît que Sabako, et auquel
il donne cinquante ans de règne, ce nom semble représenter toute la dynastie, nommée souvent d'après le premier roi.

Hérodote (2) dit expressément que Sabako
avait évacué l'Égypte par ordre de l'oracle
d'Ammon. Ce fait prouve jusqu'à quel point
les conquérants éthiopiens étaient sous la dépendance des oracles d'Ammon, puisqu'ils s'y
soumettaient quoique absents et comme souverains d'un état conquis. Hérodote ne dépeint
nullement ce roi comme barbare ou tyran, mais
comme le bienfaiteur de l'humanité en faisant
construire des digues.

Le siècle de Seuechus et de Tarhako se trouve
fixé par l'histoire juive. Seuechus fut le contemporain d'Hosée, roi d'Israël (dont le règne

____

(1) Marsham, *Chronicon*, p. 435.
(2) Hérodote, II, 137—139.

finit l'an 722), et de Salamanassar (1). Tarhako fut le contemporain de Sanhérib, que le bruit seul de la marche du conquérant éthiopien détourna, l'an 714, de son projet d'invasion en Égypte (2). Le nom de Tarhako ne demeura pas même inconnu aux Grecs. Ératosthène, dans Strabon, le cite comme un grand conquérant qui poussa jusqu'en Europe et jusqu'aux colonnes d'Hercule (3).

Il est donc certain qu'à cette époque l'empire de Méroé devait être un état puissant. Nous le trouvons aussi brillant en remontant de deux siècles, sous Assa, arrière - petit-fils de Salomon, mais qui parvint, vingt ans après la mort de ce prince, l'an 955, au gouvernement du royaume de Juda. Il est dit dans les annales des Hébreux que le maure Sérah marcha contre Assa à la tête d'une armée de mille fois mille hommes et de trois cents chariots (4).

---

(1) *Livre des Rois* (II, 17, 4). Il est appelé So dans notre traduction, mais on peut aussi lui donner le nom de Seven. Voyez *Michaelis*. Il porte ici aussi le nom de roi d'Égypte.

(2) *Livre des Rois* (II, 19, 9).

(3) STRABON, p. 1007.

(4) *Livre des Rois* (II, 14, 9). Voyez les notes de *Michaelis*. Il traduit *Cuschites*, dénomination qui embrasse aussi

Quoiqu'on n'entende par ce nombre qu'une armée considérable, il prouve cependant la puissance de l'empire, qui embrassait alors peut-être aussi l'Arabie Heureuse ; mais les chars de guerre, qui ne furent jamais usités en Arabie, indiquent clairement l'Éthiopie.

L'expédition de Serah tombe dans le commencement du règne d'Assa, par conséquent 950 ans avant J.-C. Un tel empire ne pouvant pas être tout nouveau, nous remontons, guidés par des données historiques certaines, jusqu'au siècle de Salomon, 1000 ans avant J.-C.; et en nous rapprochant du siècle de Troie, l'indication de Pline, quoique appuyée seulement sur le mythe de Memnon, reçoit une consistance historique.

Si les annales des écrivains nous manquent au-delà de cette époque, les monuments commencent à parler, et attestent la haute antiquité que l'opinion générale et la tradition attribuent à Méroé. On trouve déja sur plusieurs monuments de la Nubie le nom du grand Ramassès ou de Sésostris. Les écrivains nous ont appris qu'il avait conquis l'Éthiopie (1). On ne peut

---

bien les habitants de l'Arabie Heureuse que de l'Éthiopie ; mais il fait remarquer expressément que Serah doit avoir été roi d'Éthiopie, peut-être aussi de l'Arabie Heureuse.

(1) Hérodote, II, 110 ; Strabon, p. 1140. Voir péné-

guère placer son règne au-delà du quinzième siècle avant le commencement de notre ère. Mais nous avons même lu sur un des plus anciens monuments d'Amada, en Nubie, le nom de Thutmosis, roi de la dynastie précédente (1).

Ces sculptures, comme la scène de la présentation du butin, allégorie de la victoire remportée sur l'Éthiopie, nous montrent un peuple civilisé et familiarisé avec les arts de la paix ; ce peuple remonte donc nécessairement à une certaine antiquité.

Et si Hérodote (2) cite parmi les trois cent trente rois qui régnèrent sur l'Égypte avant Moeris et Sésostris, dix-huit Éthiopiens, cela prouve non-seulement qu'il existait déja bien avant ce temps en Éthiopie un empire, mais qu'il était même à la fois puissant et conquérant. Ainsi nous touchons

---

trer les Pharaons comme conquérants en Éthiopie, voilà ce qui ne peut guère surprendre aujourd'hui, où nous avons le même spectacle sous les yeux. A peine le souverain actuel de l'Égypte à-t-il bien établi son pouvoir, qu'il fait déja exécuter les mêmes conquêtes par son fils, le pacha Ismaël, lequel n'avance pas seulement jusqu'à Méroé, mais encore une fois plus loin, jusqu'à Singue par 10° de latitude Nord.

(1) Voyez p. 88 de ce volume.

(2) HÉRODOTE, II, 100.

presque au temps de Moïse, pendant lequel la tradition juive n'attribua la conquête de Méroé à personne autre qu'à Salomon lui-même (1).

En harmonie avec ces données, la tradition sacerdotale des Égyptiens ainsi que des Éthiopiens attribue à Méroé la fondation des plus anciens états de l'Égypte. Mais comment demander une certitude critique en remontant aussi loin? Cependant l'histoire elle-même nous a conduits jusqu'aux temps de l'origine des plus anciens états, et elle nous a appris que Méroé est du nombre.

Il est à présumer que lorsque le gouvernement d'un état se distingue par tant d'institutions particulières, il doit en être de même pour le peuple ou les sujets. Il ne faut pas néanmoins nous attendre à un tableau qui ressemble à celui d'un empire civilisé d'Europe.

Méroé nous offre le même spectacle que nous présentent aujourd'hui les grands états de l'Afrique intérieure. Une foule de petits peuples, ayant, les uns des demeures fixes, les autres menant une vie errante, forment un soi-disant empire, quoique le lien politique qui les unit

______

(1) Voyez la narration romantique de son expédition contre Méroé dans JOSEPH, *Ant. Jud.*, II, 10.

tous soit extrêmement lâche, et souvent à peine sensible (1).

A Méroé, ce lien était d'une double nature; la religion, c'est-à-dire un certain culte basé sur des oracles; et le commerce; sans contredit les liens les plus forts qui, après le joug de la tyrannie, puissent enchaîner les barbares. Ce culte, joint à des oracles, satisfaisait leur curiosité et leur superstition, tandis que le commerce leur procurait tous les besoins sensuels.

Ératosthène (2) nous a tracé un tableau plus complet des habitants de Méroé tels qu'il les a vus. Selon lui, l'île comprenait une foule de tribus : les uns se livraient un peu à l'agriculture, d'autres étaient pasteurs, et d'autres encore chasseurs. Chacun d'eux choisissait le genre de vie qui convenait le plus au sol qu'il occupait.

Les peuples nomades habitant au Nord de Méroé en Nubie n'étaient plus soumis à cet état (3).

Mais la domination sur des nomades a rarement une ligne de démarcation bien déterminée, et on se tromperait en appliquant ce que dit

____

(1) Voyez la description de l'empire Bornou dans *Proceedings of the African Association*, p. 189, etc.

(2) Strabon, p. 1177.

(3) Voilà ce qu'Eratosthène assure expressément dans Strabon, p. 1194.

Ératosthène de son temps à tous les siècles précédents ; sachant surtout par les monuments que les souverains de Méroé étaient presque toujours en guerre avec ces peuples nomades. A l'Ouest, l'état de Méroé était borné par des déserts qui le séparent de Darfour, resté inconnu dans l'antiquité ; et à l'Est, il avait pour voisins les Shangallas sauvages et dans les montagnes les Troglodytes ou les tribus des Bischaries, éloignés de dix ou onze journées de la ville de Méroé (1): Il ne semble pas que ces peuples fussent encore dépendants de cet état, puisqu'ils avaient, comme nous l'avons remarqué plus haut, des chefs ou des rois à eux.

Mais au Sud, Méroé touchait à une province occupée par une nombreuse tribu de colons égyptiens. Psammétique s'étant assuré la souveraineté de l'Égyte à l'aide de troupes mercenaires, toute la caste militaire se souleva, blessée des prétentions que la caste sacerdotale avait élevées et fait valoir quelque temps avec succès pendant les troubles qui avaient précédé. Ces guerriers appartenant à la portion distinguée de la nation, et que l'on pourrait appeler la noblesse égyptienne, s'il ne se ratta-

____

(1) Eratosthenes *apud Strabonem*, l. c., p. 1134.

chait pas aisément des idées fausses à cette dénomination, aimèrent mieux quitter leur patrie que de reconnaître l'autorité de Psammétique Ier. En vain le roi chercha à les retenir;
ils émigrèrent au nombre de deux cent quarante
mille hommes. Cela arriva vers l'an 650 avant
J.-C. Ils se dirigèrent vers l'Éthiopie, et deman-
dèrent un asile au roi de Méroé. Celui-ci les
reçut avec plaisir, et leur concéda un district
habité par un peuple turbulent, et dont on se
débarrassa en l'expulsant.

Ce district était, à en juger par plusieurs indications, la province moderne nommé Gojam,
île comme Méroé; et que le Nil forme par une
grande sinuosité, en décrivant presque un cercle
pour retourner tout près de ses sources.

C'est ici que s'établit cette nombreuse colonie
égyptienne qui forma un état particulier mais
indépendant de Méroé, et qui fut gouverné par
des vice-rois, ou plutôt, dans la suite, par des
vice-reines. Ils apportèrent déja, au témoignage
d'Hérodote, la civilisation parmi les tribus éthiopiennes, et devinrent les fondateurs des villes,
parmi lesquelles Sembobytis se distingue le plus;
une autre porta le nom d'Esar. Leur état, qui eut
plusieurs siècles d'existence, s'étendit plus à
l'Est jusqu'aux montagnes, et il s'en est con-

servé des traces bien marquées dans l'histoire postérieure de ces pays (1).

Méroé embrassait donc une foule de tribus ou de peuplades diverses, toutes réunies par le lien d'un culte commun qui reposait entre les mains de la tribu la plus éclairée et dominante, la tribu sacerdotale.

Mais une question que mes lecteurs tiennent sans doute à voir résolue, est de savoir à quel peuple appartenait cette caste sacerdotale. Était-elle indigène ou bien émigrée ?

Il est impossible de démontrer son origine et sa filiation par des témoignages positifs. Ce que nous savons cependant, c'est que cette caste ne se regardait pas comme arrivée à Méroé par migrations, mais comme peuple primitif, ou *autocthone*; la même croyance régnait aussi dans la caste sacerdotale des Égyptiens (2).

C'est là que s'arrête notre science. Il nous reste une voie bien plus longue à parcourir, celle

---

(1) Je prie mes lecteurs de regarder ces observations comme les résultats d'une recherche historique sévère qui a été mise sous les yeux du public, dans les *Commentat. Societ. Scient. Goetting.*, t. XII, p. 48, etc. Les auteurs anciens sur lesquels je m'appuie principalement sont : HÉRODOTE, II, 30; PLINE, VI, 29, 30, et STRABON, p. 1134. Voyez *Historische Werke (OEuvres historiques)*, III, p. 323.

(2) DIODORE, I, p. 174.

où nous devons examiner si les notions que nous
avons de cette tribu nous engagent à lui attribuer
une origine étrangère, ou si nous pouvons reconnaître dans les débris de peuples encore
existants les descendants de cette tribu. Nous ne
la connaissons que par les monuments qu'elle
nous a transmis; mais ils sont plus que suffisants
pour nous mettre à même de juger de son caractère physique. Nous y trouvons toujours la
même physionomie, la même figure (1), la même
couleur, et en général, sauf diverses modifications, le même costume. La physionomie n'a
rien du nègre; le profil est beau; le corps est
long et svelte; les cheveux lisses ou bouclés, la
couleur d'un brun rougeâtre.

Ceux qui connaissent les copies que Belzoni
a données des sujets coloriés représentés sur les
bas-reliefs du tombeau royal (2), conviendront
que la couleur des hommes figurant dans ces scènes
est bien celle des peuples qu'ils représentent.

Je n'ose cependant pas soutenir que la couleur
fût identiquement la même dans la nature, car
les artistes étaient obligés de se contenter des

------

(1) Elle varie seulement un peu dans le petit nombre de
figures des grottes-tombeaux; mais celles-ci décèlent en
général l'enfance de l'art.

(2) Voyez p. 110 de ce volume.

matériaux mis à leur disposition. Mais ce que je ne crains pas d'affirmer, c'est que cette tribu n'était ni blanche ni noire ; d'une couleur brune, elle tenait le milieu entre ces deux nuances, variété que je crois retrouver dans la tribu nubienne. Quoique la couleur de ce peuple soit devenue un peu plus foncée par ses nombreux mélanges avec des négresses, on reconnaît néanmoins la même figure, le même profil et les mêmes dispositions morales, autant que permet de le penser aujourd'hui son état dégénéré (1).

C'était autrefois, selon Strabon (2), une nation puissante qui s'étendait des deux côtés du Nil. Refoulée dans la vallée du Nil, elle n'offre actuellement pour ainsi dire que les débris d'une grandeur passée, mais néanmoins on n'a pu parvenir à la détruire tout-à-fait. Son ancienne civilisation se rattachant à sa religion, elles durent périr ensemble ; les mélanges avec les étrangers, les guerres, les oppositions firent le reste ; et de l'éclat que jetait autrefois cette population, il ne reste aujourd'hui qu'un pâle reflet (3).

---

(1) Voyez, p. 24 de ce volume, les renseignements que nous avons donnés sur ce peuple d'après Burkhardt et autres voyageurs.

(2) STRABON, p. 1134, 1135.

(3) Il s'est cependant conservé dans ces régions quelques

Mais en comparant les copies que les derniers
voyageurs ont faites de ce peuple avec celles

---

débris d'une domination sacerdotale qu'on croirait attachée
aux localités.

Voyez ce que BURKHARDT, *Travels in Nubia*, p. 266, etc.,
dit du règne des prêtres à Damer, ville de cinq cents maisons
sur la rive méridionale du Tacazzé ou Mogren, peu avant
sa jonction avec le Nil, par conséquent déja dans l'île même
de Méroé. La souveraineté de ce petit état indépendant est
entre les mains d'un pontife nommé *Faky el Kebir*, dont
la dignité est héréditaire dans une famille, et qui est en
même temps magistrat et l'organe des oracles. Il reste chez
lui le matin comme un ermite ; l'après-dînée est consacrée
aux affaires. Sa demeure est une bien petite cellule, avec
une chapelle à côté. Le pontife était un respectable vieillard
revêtu d'une robe blanche. Il a sous ses ordres plusieurs
fakys d'un rang plus ou moins élevé, et vivant plus ou moins
dans une odeur de sainteté. Il y a ici plusieurs écoles où se
rendent beaucoup de jeunes gens de Darfour, de Sennaar
et de Soudan, pour étudier le coran et les lois. Les écoles
se trouvent sur une place publique autour de la grande
mosquée.

En mettant à la place de cette mosquée un temple d'Ammon, et à la place du coran et des lois les livres d'Hermès et
le rituel des prêtres, ne se croirait-on pas transporté dans
un de ces établissements de prêtres ?

« Les affaires de ce petit état hiérarchique, continue
Burkhardt, sont administrées très-sagement. Tous les voisins, jusqu'aux perfides Bischaries, respectent les fakys, et
ils craignent que ceux-ci ne leur gâtent la pluie ; aussi n'of-
fensent-ils jamais les habitants de Damer. Cet état est aussi

des hommes représentés sur les reliefs (1), ou y retrouve néanmoins les mêmes formes de la physionomie et de la figure. Aujourd'hui encore ils portent les mêmes armes : une lance longue, souvent double, un grand bouclier de peau d'hippopotame, que leur donne déja le prophète (2), et avec lequel ils paraissent souvent sur les monuments. S'ils ont changé leur costume superbe contre des vêtements légers, la nature du climat nous fait voir que le premier servait plutôt de parure que d'habillement.

Je conviens que tous ces indices n'offrent que des probabilités, et non une certitude historique ;

---

commerçant ; des caravanes de Damer vont de temps en temps à Dóngola, Chandi et Suakem ; car quelques-uns des fakys sont aussi marchands. — En général, les caravanes aimént à faire quelque séjour en cet endroit ; car le sol est bien cultivé, et on y trquve des provisions.

« Deux fakys accompagnent la caravane à travers les peuplades rapaces. Leur seul aspect, quand ils précèdent sans armes, donnent toutes les sûretés possibles. »

Peut-on désirer de meilleures preuves de l'exactitude de notre description des anciens états prêtres et commerçants, de leur origine et de leurs développements ? Concevra-t-on maintenant comment des établissements de prêtres peuvent diriger le commerce ?

(1) Legh et autres.

(2) Jérémie, XLVI, 9.

qu'il est même facile de leur opposer des objections; mais je regarderai cette opinion comme
juste, tant qu'on n'en aura pas donné une plus
vraisemblable.

A cette question se rattache naturellement
une autre jusqu'aujourd'hui diversement résolue, mais que nos précédentes observations ser-
viront, j'espère, en grande partie à éclaircir. Il
s'agit de fixer si l'Éthiopie, et nommément Méroé, est la mère de la civilisation qui de là se
répandit sur l'Égypte, ou bien si c'est au contraire
l'Éthiopie qui a tiré ses lumières de l'Égypte? Je
crois qu'avec les connaissances acquises par les monuments et qu'à l'aide des traces historiques qui
subsistent, il ne serait pas difficile de s'entendre
sur ce sujet, si l'on écartait d'abord un mal en-
tendu qui s'y est glissé. Ceux qui placent à Méroé le berceau de cette civilisation, ou, ce qui
est la même chose, du culte d'Ammon avec tout
ce qui en découle, pour la faire parvenir ensuite
le long du Nil dans la Haute-Égypte, où elle
atteignit à Thèbes son plus haut lustre, ne prétendent pas, comme on le leur prête fort gratuitement, que ces progrès ne se soient effectués
qu'à la longue et successivement.

Une telle assertion ne serait pas seulement en
contradiction avec les monuments, mais aussi
avec les données historiques; car l'histoire nous

apprend que des souverains de Méroé ont été, à certaines époques, maîtres de l'Égypte, du moins de la Haute-Égypte; nous savons aussi que plusieurs Pharaons ont étendu leur domination sur l'Éthiopie. Ceci dut exercer nécessairement une influence réciproque sur les deux pays. La construction de temples et de monuments formant un caractère essentiel du culte d'Ammon, comment les Pharaons, maîtres de l'Éthiopie, auraient-ils négligé de l'illustrer par des monuments aussi bien dans ce pays qu'en Égypte? Voilà ce qui me semble constaté par les reliefs dont les parois des temples nubiens étaient ornées; le fini de la sculpture et les sujets représentés sur les monuments prouvent qu'ils datent de l'époque la plus brillante du règne des Pharaons. Et qui oserait nier que quelques-uns de ces temples ne soient leur ouvrage?

Celui qui fait découler la civilisation égyptienne de l'Éthiopie, et nommément de Méroé, ne déduira de ce fait autre chose, sinon que certaines colonies de cette caste sacerdotale se répandirent de Méroé en Égypte. Cela eut lieu par ordre des oracles d'Ammon.

« Ils ne font la guerre (1), dit Hérodote, que

---

(1) Hérodote, II, 29. Il se sert du mot στρατεύονται. La fondation de ces colonies, au milieu de peuples barbares,

d'après son avis, et seulement là où il leur ordonne de la porter. »

Il n'est que trop connu que la fondation de
colonies se faisait anciennement en général par
ordre des oracles; mais ces oracles étaient sous
une direction plus élevée, celle du pontife ou
peut-être du roi, ou bien de l'un et de l'autre.
Nous pouvons en conclure avec raison qu'un
choix judicieux, un but réel, et non un hasard
aveugle, avaient présidé à la fondation de ces
colonies. Ceci est du reste confirmé par l'histoire
et les monuments.

Une de ces colonies, la plus proche de Méroé, au Nord, près du mont Berkal (1), ne nous
est connue que depuis peu.

Ici s'élève en quelque sorte une seconde Méroé,
dont le nom y a été même conservé; car le village s'appelle encore à présent *Mérawé*. On y
trouve les ruines de deux temples consacrés à

---

devait en effet se lier souvent à des guerres. Mais les
expéditions d'un état sacerdotal ont pour but immédiat
la propagation de son culte, sans quoi il ne pourrait maintenir ses conquêtes.

(1) C'est au pied du mont Berkal, qui est sur le côté oriental
du Nil, que se trouvent les monuments. Nous les connaissons
à présent par les copies et les plans de Caillaud, tab. XLIX
— LXXIV.

Osiris et à Ammon (1). Le plus grand, avec une allée de sphinx et toutes les divisions des grands temples d'Égypte, surpasse en étendue et en fini ceux de la mère-patrie (2). Le plus petit, appelé par Caillaud un *typhonium*, contient néanmoins dans son sanctuaire Ammon avec toute sa suite (3).

Mais ce qui, encore plus que le nom, caractérise cet endroit comme colonie de Méroé, c'est le cimetière de pyramides, plus grandes et presque aussi nombreuses que celles d'Assur (4). Ce sont les seules que l'on rencontre entre l'île de Méroé et l'Égypte. Les reliefs des temples se rapportent au culte du dieu Ammon. Un héros ou roi lui sacrifie près du pylone une troupe de prisonniers (5). On aperçoit dans l'intérieur le tableau de riches offrandes en fruits, bétail et autres objets; et sur les parties saillantes des pyramides, Osiris, comme roi des enfers, à qui l'on présente également des offrandes (6).

---

(1) Caillaud, pl. LXIV—LXVI.

(2) *Ibid.*, pl. LXVII.

(3) *Ibid.*, pl. LXXI.

(4) *Ibid.*, pl. LVI, LVII. Il y a aussi un groupe de pyramides en face, dans la direction occidentale du Nil, près de Nouri. *Ibid.*, pl. XLVII.

(5) *Ibid.*, pl. LXI.

(6) *Ibid.*, pl. LIII, LIV, LV.

Cet endroit renferme, probablement depuis les Ptolémées, la résidence postérieure qui porte le nom de Napata, et qui encore du temps de Néron, lorsque les Romains s'en emparèrent et la détruisirent, était le siége des reines connues dans ces contrées sous le nom de Candacé (1).

Une autre de ces colonies fut, d'après le témoignage d'Hérodote (2), Ammonium, dans le désert de Libye, qui n'avait pas seulement un temple et des oracles, mais formait plutôt un petit état, où la caste sacerdotale, choisissant un roi dans son sein, régnait comme à Méroé.

Selon Hérodote, cette colonie avait été fondée en commun pas Thèbes et Méroé : témoignage remarquable qui met hors de doute la fondation et le but de ces colonies, ainsi que les relations intimes et les intérêts mutuels de Méroé et de Thèbes.

Mais cette Thèbes royale aussi fut la troisième colonie, et en même temps la plus importante de cette caste sacerdotale, d'où elle se répandit sur le reste de l'Égypte et dans les Oasis. Selon la tradition des prêtres de l'Éthiopie et de l'Égypte,

---

(1) PLINE, VI, 35; MANNERT, X, p. 220.
(2) HÉRODOTE, II, 42.

le culte d'Ammon et d'Osiris, avec ses fêtes et ses processions, aurait pris naissance dans la métropole de Méroé (1). De là Osiris (symbole général de la civilisation égyptienne) l'aurait porté en Égypte.

Le culte d'Ammon et de ses compagnons de temple, le même pouvoir sacerdotal, les mêmes oracles, confirment cette opinion dans l'antiquité ; opinion qui est encore attestée aujourd'hui par les monuments. Car les temples de la Haute-Égypte, les pyramides de l'Égypte centrale, nous offrent les mêmes établissements arrivés à la plus grande perfection dont les édifices de la Nubie et de Méroé montraient le commencement. Rien ne parle en faveur de l'opinion contraire que. Méroé aurait été une colonie de Thèbes. Et que gagner à cela quand il s'agit de l'origine de la civilisation ? Pourquoi aurait-elle moins pu naître à Méroé que dans la Thébaïde ?

---

(1) Comme l'authenticité de Diodore dépend toujours des sources où il a puisé, elles ne peuvent être passées sous silence. Il les cite lui-même. Les unes, écrites, comprennent les relations d'Agatarchide dans l'ouvrage sur la mer Rouge, et celles d'Arthémidore ; les autres sont les dépositions des prêtres de la Thébaïde, et des envoyés de Méroé qu'il eut occasion de voir dans ces régions ; tous étaient d'accord. DIODORE, I, p. 181.

On peut regarder comme un fait avéré que dans ces deux pays certaines impulsions du dehors contribuèrent à amener ce résultat; nous verrons dans le chapitre suivant que celles-ci pouvaient avoir lieu aussi bien et même plutôt à Méroé que dans la Thébaïde.

Ce qui ne doit pas peu confirmer les résultats obtenus historiquement dans nos premières éditions, et développés et corroborés aujourd'hui par de nouvelles preuves, c'est que les voyageurs les plus modernes sont arrivés absolument au même but par une autre voie, c'est-à-dire en examinant les monuments et les inscriptions. Je ne puis m'empêcher d'assigner ici une place aux résultats obtenus par les recherches de Gau et de Champollion.

« L'observation de Gau, est-il dit dans un journal littéraire (1), paraît bien riche en conséquences, savoir, que la forme primitive de l'architecture égyptienne se décèle dans les monuments de la Nubie, depuis la construction de rocher la plus grossière jusqu'au travail le plus fini, et que l'on rencontre en ce pays les échantillons des trois époques bien distinctes de l'architecture.

« Les excavations dans les pans de rochers,

---

(1) Le *Hesperus*, journal allemand.

ornés peu à peu de sculptures, se montrent dans les temples de Derri, d'Ipsamboul et de Girscheh. De là, l'art égyptien s'éleva au plus haut degré de perfection, que nous reconnaissons dans les monuments de Kalabsché, de Dekkeh et autres; et déclina ensuite de nouveau, comme le prouvent les petits bâtiments de Dandour, etc. »

« L'histoire, est-il dit dans les lettres sur les dernières recherches de Champollion dans la collection de Drouetti, à Turin (1), gagne en étendue et en éclaircissements. Champollion lut les noms des grands Pharaons d'Égypte sur les monuments élevés par leurs soins, et put s'assurer de la réalité des exploits attribués à Thutmosis, Aménophis II, Ramessès Miamun, Ramessès-le-Grand ou Sésostris, et autres, que la critique méticuleuse des temps modernes repoussait du domaine de l'histoire pour les reléguer dans le cercle des mythes (2); mais ce qui parle

____

(1) *Lettres de Turin;* en allemand *Europäische Blätter* (Feuilles européennes), septembre 1824, p. 224. D'après des relations plus récentes, il a été trouvé parmi les rouleaux de papyrus des archives complètes avec les noms et les années de règne des Pharaons.

(2) Les premières éditions de cet ouvrage, ainsi que mon Manuel de l'Histoire ancienne, prouvent que ce n'étaient pas là les principes de ma critique.

en leur faveur d'une manière victorieuse, ce sont les témoins contemporains irrécusables, les reliefs antiques et les inscriptions nombreuses sur les pylones et les murs des palais de Thèbes. On compte jusqu'à trente dynasties des souverains, dont, jusqu'à présent, on a retrouvé des monuments qui remontent sans interruption jusqu'à la dix-septième.

« Champollion place la splendeur de l'état d'Égypte et sa haute civilisation, dans le temps de la dix-huitième dynastie, dont les premiers rois expulsèrent de la Basse-Égypte les tribus de pasteurs nommés Hyksos, sous lesquels cette contrée gémissait depuis plusieurs siècles. Ce furent encore les Pharaons de cette dynastie qui élevèrent Thèbes à un si haut rang ; qui construisirent les palais immenses de Karnak-Luxor, de Medinat-Abou, de Kornou et le Memnonium. Quelles admirables périodes de l'art, brillant vingt siècles avant l'âge d'or de Rome! Le grand palais de Karnak démontre par ses hiéroglyphes qu'on y a travaillé depuis Aménophis Ier jusqu'à Nécon II, c'est-à-dire durant onze siècles.

« Aménophis Ier fut le troisième roi de cette glorieuse dynastie; Aménophis II, appelé par les Grecs Memnon, le huitième, et Aménophis III, le seizième. Mais le plus grand héros parmi les Pharaons fut Rámessès - le - Grand, nommé Sésostris par Hérodote. C'est le premier Pharaon de la dix-neuvième dynastie, et il régna 1500 ans avant J.-C. (1).

« Mais le produit de ces recherches si fécondes en résultats ne se borne pas seulement aux antiquités de l'Égypte ; il s'étend bien plus au Sud ; et une vue historique s'ouvre pour des pays qui jusque là n'étaient pas encore inscrits sur les tables éternelles de l'histoire de l'humanité. En Nubie et en Éthiopie, de nombreux monuments antiques et importants constatent une civilisation contemporaine de l'Égypte, et même antérieure ; de sorte qu'on peut en inférer avec la plus grande vraisemblance que, de la Nubie, l'art, la science et la religion se répandirent sur Mizraim ; que la civilisation se fraya un chemin le long du Nil, fonda Memphis et enleva enfin plus tard, par des colonies, le Delta à la mer. Depuis Méroé et Axum, en descendant le Nil jusqu'à la Méditerranée, on vit s'élever des états civilisés, puissants, indépendants l'un de l'autre, mais d'une même souche, ayant la même langue, la même écriture, la même religion, comme l'affirmait déja Diodore.

---

(1) Les Pharaons de la dix-huitième et de la dix-neuvième dynastie sont ceux que je comprends sous le nom de Sésos- trides. *Manuel de l'Histoire ancienne*, p. 71.

« Champollion est arrivé à la conviction, qui naît de la comparaison des mœurs, des institutions politiques et de la constitution physique de l'Égypte, que ses habitants sont d'une origine vraiment africaine, des autocthones de ce continent, et qu'ils offrent peu d'analogies avec leurs voisins, les peuples de l'Asie occidentale. Leur langue a aussi peu de rapport avec le sanscrit et le zend, le chinois et l'arabe, que leur écriture ne ressemble à celle d'un autre peuple. Tout indique chez eux une grande famille nationale séparée et distincte des autres, qui s'était emparée du Nord-Est de l'Afrique, de la Nubie, des Oasis et de l'Égypte. »

Les premières éditions de cet ouvrage montrent combien ces résultats s'accordent avec les miens. Mais si néanmoins la propagation de cette caste de prêtres a quelque chose d'énigmatique, elle s'explique par une observation que j'ai déja eu occasion de faire, que ces villes étaient les principales places du commerce par caravanes. Voilà ce que j'ai prouvé de deux cités, d'Ammonium et de Thèbes (1); et la suite de ces recherches ne laissera plus subsister aucun doute sur Méroé.

Si je ne me trompe, un rayon de lumière

____

(1) Voyez p. 230 du quatrième volume de cet ouvrage.

perce l'obscurité qui enveloppe les monuments de l'Éthiopie et de l'Égypte, et nous ouvre une perspective nouvelle et inattendue. Qu'est-ce qui ne pressent pas une alliance intime entre le commerce et la religion, qui fut peut-être d'autant plus naturelle dans ces pays, qu'elle contraste plus avec nos institutions?

Cette tribu sacerdotale, si elle n'était pas commerçante elle-même, ne dirigeait-elle cependant, pas au moyen de ses colonies, le commerce avec les contrées méridionales? Ces prêtres ne furent-ils pas les fondateurs de ces temples et monuments superbes, placés le long du Nil et les routes commerciales intérieures, pour qu'ils servissent à leurs dieux de sanctuaires, à eux-mêmes de demeures, et aux caravanes de stations et de places de commerce? Ne fondèrent-ils pas aussi ces états qui se formèrent jadis de la même manière en Égypte comme à Méroé? Ce sont des questions que mes lecteurs se sont probablement faites! Mais pour y répondre d'une manière satisfaisante, il faut partir d'un point de vue plus élevé, et considérer le commerce antique de l'Éthiopie dans toute son étendue, autant que nous le permettent les ténèbres qui couvrent ces temps reculés.

CHAPITRE III.

COMMERCE DE MÉROÉ ET DE L'ÉTHIOPIE.

« Le commerce des Égyptiens et l'industrie des Éthiopiens et des Sabéens à longue taille, se livreront à toi et deviendront ta propriété (1). »

Si les Éthiopiens étaient du nombre des peuples le moins connus dans l'ancien monde, si des traditions, la plupart défigurées, venaient seules en parler à l'Occident, comment nous étonner qu'il règne tant d'incertitude sur leurs relations commerciales? Cependant il y a bien des choses de l'antiquité qui ne se laissent démontrer que d'une manière incomplète par les témoignages des auteurs anciens, mais qui n'en sont pas moins réelles et authentiques aux yeux de l'historien critique. Ceci s'applique naturellement au premier commerce fait par la chaîne des peuples méri-

---

(1) Isaïe, XLV, 14.

dionaux, dont les Éthiopiens forment un chaî-
non.

La nature elle-même a préparé le négoce de
ces nations d'une manière remarquable. Elle dota
une partie de ces pays de trésors dont l'autre
était privée et dont cependant elle ne pouvait
se passer. A la vérité, ce besoin de relations
commerciales ne constate pas encore leur existence ; mais il donne un plus grand poids à
toutes les raisons historiques qui parlent en leur
faveur ; ces considérations nous imposent le devoir de nous y arrêter un peu plus long-temps.

Nous entendons par les pays méridionaux la
péninsule occidentale de l'Inde, bornée, d'un
côté par Ceylan, et de l'autre par l'Éthiopie et
l'Arabie-Heureuse. L'Inde fait partie des contrées du monde les plus productives, comme
nous l'avons montré ailleurs (1); elle fut donc
toujours et est encore aujourd'hui un des premiers ou plutôt le premier pays commerçant.
Outre les marchandises consacrées au vêtement,
branche d'industrie qu'elle partage avec d'autres
régions, la nature lui donna exclusivement ces
épices si recherchées, la cannelle et le poivre.
Sous un ciel plus froid, ces denrées sont un

____

(1) Voyez mes Recherches sur les peuples asiatiques.

12.

objet de luxe ; mais sous le ciel brûlant et à la fois humide de la zone méridionale, elles deviennent un besoin, lorsqu'il s'agit d'arracher les objets naturels à la corruption ; et aucun des peuples habitant cette zone ne peut s'en passer du moment qu'il a appris à les connaître.

L'Yémen, ou l'Arabie-Heureuse, est, il est vrai, séparé de l'Inde par une mer immense, mais la nature elle-même a eu soin d'établir des rapports entre ces pays.

Depuis le printemps jusqu'à l'automne, il y souffle régulièrement des vents (1) qui conduisent le navigateur dans l'Inde ; depuis l'automne jusqu'au printemps, il y souffle d'autres vents qui le ramènent de l'Inde en Arabie (2). Un ciel presque toujours pur lui offre les astres pour guides, et le dispense de la peine de louvoyer le long des côtes.

Si l'Yémen ne reçut point de la nature des épices, elle en obtint en échange des marchandises non moins précieuses. Ce fut, sinon exclusivement, du moins de préférence, le pays

---

(1) Ces vents, nommés moussons, ne doivent point être confondus avec les vents alizés, toujours invariables, des autres mers entre les tropiques.

(2) Les premiers vents soufflent du Sud-Ouest ; les autres du Nord-Est.

de l'encens, des myrrhes et de plusieurs autres parfums. Si l'air demande a être purgé dans ces pays chauds par des baumes odorants, par la même raison qu'on y prend des épices pour conserver sa santé, la religion vient encore rehausser le prix de ces productions.

L'Afrique orientale, en produisant également l'encens, partageait jusqu'à un certain point ces trésors avec l'Yémen, mais elle en offrait aussi d'autres tel que l'or, qui manquait à ce pays comme à l'Inde, et sans lequel on était privé d'un moyen d'échange. Si la péninsule orientale de l'Inde ne fournissait pas ce métal; et si l'Arabie en offrait peut-être (1), mais en petite quantité, l'Afrique orientale en récompense contenait les pays aurifères, que l'on range encore aujourd'hui parmi les plus riches du monde.

En résumant toutes ces circonstances, on conçoit facilement qu'il n'y avait peut-être pas de pays qui eussent plus de raisons pour entretenir des relations commerciales, et celles-ci une fois établies, devaient être en ces lieux plus profitables que partout ailleurs. Mais il est temps

----

(1) Les anciens écrivains accordent à l'Arabie-Heureuse l'or comme produit indigène. On ne l'y trouve pas en ce moment, ce qui rend la chose toujours douteuse.

de poursuivre les traces historiques qui nous en restent.

Nous pouvons classer au nombre de ces vestiges, que dans un temps fort reculé, des produits indiens paraissent dans le monde occidental. Il est déjà question dans les livres de Moïse des épices de l'Inde, notamment de la cannelle ; et elles sont tellement répandues qu'elles faisaient nécessairement partie des articles ordinaires du commerce (1).

Quand même on voudrait fonder des objections sur l'explication des noms (2) ou sur l'âge incertain des écrits de Moïse, les renseignements précis sur le commerce ancien de l'Arabie-Heureuse suffiraient pour les lever.

Les auteurs hébreux et grecs ne présentent jamais ce pays autrement que comme un des plus riches du globe. Il a déjà été démontré dans les recherches consacrées au commerce des Phéniciens, combien les Juifs et les Phéniciens étaient familiarisés avec ces régions (3). Les poètes hébreux connaissent les noms de toutes les

----

(1) Voyez dans le *Livre II de Moïse*, 30, 23, la liste et la quantité des parfums avec lesquels on préparait l'huile sacrée.

(2) Autant que je sais, celle-ci n'est pas révoquée en doute.

(3) Voyez le chapitre du Commerce de terre des Phéniciens.

villes et de tous les ports, et ne cessent de parler des trésors de ces contrées (1); mais dès que
les Grecs en eurent seulement quelque connaissance, ils s'épuisèrent en exclamations sur les richesses renfermées dans le sein de l'Arabie-Heureuse.

« Ses habitants, les Sabéens, dit Agatharchide
dans Diodore (2), surpassent non-seulement les
barbares voisins en richesses et en luxe , mais
même toutes les autres nations. Car dans l'achat
et dans la vente de leurs marchandises, ce sont
eux qui, d'entre tous les peuples commerçants,
reçoivent le prix le plus élevé pour les moindres
quantités.

« Comme leur position reculée les a de tout
temps mis à l'abri des invasions étrangères, il
s'est entassé chez eux, surtout dans leur capitale,
une quantité prodigieuse de métaux précieux.
On y voit des ouvrages d'art en or et en argent de toute espèce; des coupes d'or, des siéges
et des trépieds avec des tréteaux en argent, et
une foule d'objets d'un grand prix. Les péristyles et les colonnes sont chargés d'or, et ont

(1) Voyez Ézéchiel, XXVII, 21—24, avec les commen-
tateurs.

(2) Diodore , I, p. 215; Agathar. *De rubro mari*,
p. 65, *in Geograph. Minor.* Hudson, vol. I.

des petits chapiteaux avec des sculptures en argent; les pignons et les portes sont ornés d'or
et de pierres précieuses; il règne en général une
magnificence extraordinaire dans la décoration
des édifices, pour laquelle on emploie de l'argent,
de l'or, des pierres fines, de l'ivoire, et tout ce
qu'il y a de plus précieux au monde. Déja depuis un temps immémorial le peuple goûtait ce
bonheur sans trouble, éloigné qu'il était de tous
ceux dont la cupidité cherche à s'enrichir aux
dépens d'autrui. »

Ainsi les habitants de ce pays, grace à leur
commerce, étaient devenus riches et civilisés,
et l'architecture et la sculpture avaient atteint
chez eux un certain degré de perfection.

Ils ne devaient pas seulement ces richesses à
leurs propres produits, mais aussi aux marchandises de l'Inde, dont le marché s'établit dans
leur pays; voilà ce que nous apprend Hérodote
en parlant de la cannelle (1); cela est encore
confirmé par le témoignage d'un autre écrivain
fort instruit, l'auteur du Périple de la mer
Rouge.

« Avant qu'on naviguât, dit-il (2), de l'Inde

---

(1) Hérodote, III, 111.
(2) Arrian., *Peripl. Mar. Erythr. in Geogr. Minor.*,
I, p. 15. Cet important ouvrage a trouvé, comme on sait,

en Égypte, et de l'Égypte vers l'Inde (on parle ici des temps avant les Ptolémées), l'Arabie-Heureuse était l'entrepôt des marchandises égyptiennes et indiennes, comme Alexandrie l'est aujourd'hui pour les articles d'Égypte et ceux de l'étranger. »

Si ces témoignages prouvent les relations commerciales qui existèrent entre l'Inde et l'Arabie, il en résulte également qu'elles étaient de la plus haute antiquité, et qu'elles ont continué durant un long cours de siècles (1).

---

dans le Dr Vincent un commentateur habile pour l'histoire du commerce et de la géographie. Ce critique judicieux et consciencieux éprouva ce qu'éprouve tout homme qui entreprend ce travail sans prévention et avec quelque connaissance de l'Orient. La haute antiquité et l'étendue d'un grand commerce entre ces pays méridionaux sont si bien démontrées qu'on n'en peut plus douter. Les résultats du Dr Vincent qui, peu avant sa mort, m'a témoigné dans une lettre, avec l'approbation la plus flatteuse, le vif intérêt qu'il prenait à mes recherches, et qui fit présent à la bibliothèque de Gottingue d'un exemplaire manuscrit de la dernière édition de son ouvrage, enrichi de notes marginales, s'accordent, sous ce rapport, entièrement avec les résultats que j'ai obtenus. — Voyez VINCENT, *Periplus of the Erythr. Sea*; dans les *Preliminary Dispositions*, p. 57, etc.

(1) Quoique leur commencement remonte au-delà des temps historiques, il est cependant certain qu'elles jouissaient encore de tout leur éclat du temps d'Isaïe, de Jéré-

Le manque de notions exactes nous empêche, à la vérité, de dire avec une pleine conviction quel peuple faisait cette navigation entre les deux pays; mais tout semble indiquer que c'étaient les Arabes. Les Indiens eux-mêmes ne paraissent à aucune époque comme peuple navigateur, les Arabes au contraire toujours (1). Non-seulement durant tout le moyen âge ce furent eux qui naviguaient sur la mer des Indes, mais aussi du temps des Ptolémées, et immédiatement après, ils faisaient directement le commerce vers l'Inde. Ainsi, lorsque nous apprenons que l'Arabie servait déja, à une époque si reculée d'entrepôt aux produits de l'Inde, ne peut-on pas en déduire avec beaucoup de vraisemblance que les Arabes étaient chargés alors comme plus tard, de la navigation de ce pays? Mais longeaient-ils simplement les côtes, ou bien, profitant des moussons, traversaient-ils la pleine mer?

---

mie et d'Ézéchiel, aux septième et huitième siècles avant J.-C., par conséquent à l'époque de la splendeur de Méroé. La chute du trône des Pharaons semble avoir amené leur fin, mais il faut croire que déja les guerres des Assyriens et des Babyloniens en Asie y avaient sans doute contribué.

(1) Vincent, p. 61, etc., et mes Recherches sur les Indiens.

Voilà encore matière à conjectures ; cependant comment supposer que l'emploi de ces vents soit resté inconnu pendant des siècles à des peuples qui avaient leurs demeures dans les régions mêmes où ces vents soufflent (1) ?

Toute autre navigation des anciens en pleine mer doit faire naître des soupçons ; mais il ne peut en être de même ici, à cause de son étendue bornée et de sa facilité. A l'aide des moussons on pouvait aussi naviguer une grande partie du chemin le long des côtes de l'Arabie ; le reste du voyage était peu considérable, et la foule de petites îles dont cette mer est parsemée servait encore d'in-

---

(1) L'assertion d'Arrien (*Periplus*, p. 32), que l'usage des moussons n'a été introduit que par le Grec Hippalus, ne présente ici aucune objection. Elle ne s'applique qu'aux Grecs d'Alexandrie, et non aux temps antérieurs. On ne se servait pas anciennement des moussons comme au siècle d'Alexandrie, puisqu'on s'embarquait de Myos Hormos et de Bérénice du golfe Arabique. Mais alors le principal port était Aden, que la nature elle-même avait désigné à cet usage, en dehors de la route de Babelmandeb. Cette différence est de la plus haute importance. Le voyage d'Aden à Malabar est le plus facile du monde, puisqu'on part et revient avec le même vent ; mais le départ du golfe Arabique est bien plus difficile, puisqu'on emploie, tant pour aller que pour revenir, deux espèces de vents. VALENTIA, *Travels*, II, p. 380.

dices et d'ancrages. Mais ce qui doit frapper tout observateur, c'est que le trajet direct de l'Yémen vers l'Inde conduit aux mêmes contrées de ce grand pays, où l'on voit encore aujourd'hui à Éléphantis et à Salsette quelques-uns de ses monuments les plus anciens et les plus remarquables.

Le commerce entre l'Arabie et l'Éthiopie n'est pas même soumis à ces faibles difficultés. Ce sont des pays limitrophes, seulement séparés par un golfe étroit. Immédiatement après ces régions vient le pays d'encens déja connu d'Hérodote (1), et dans le voisinage duquel se trouvaient les contrées aurifères, dont nous avons déja parlé plus haut. Mais il est prouvé qu'outre les productions indigènes de l'Éthiopie, celles des pays ci-dessus mentionnés affluaient en Égypte et dans le reste de l'Afrique septentrionale.

Plus nous remontons aux temps primitifs de l'Éthiopie, plus l'Égypte et l'Éthiopie montrent une alliance intime. Les poètes hébreux ne mentionnent guère l'une sans citer l'autre, et représentent leurs habitants comme commerçants. Isaïe, ou plutôt un auteur plus moderne sous

---

(1) HÉRODOTE, II, 8.

son nom, en chantant les victoires de Cyrus,
regarde la soumission de ces pays comme la récompense la plus éclatante.

« Le commerce des Égyptiens (1) et l'industrie
des Éthiopiens et des Sabéens à longue taille se
livreront à toi et deviendront ta propriété ! »

Jérémie, en célébrant la grande victoire de
Nabuchodonosor sur le Pharaon Necon près de
Carchemisch, présente les Éthiopiens comme
unis aux Égyptiens (2).

Ézéchiel, en menaçant l'Égypte de sa ruine,
fait tressaillir par sa prophétie l'Éthiopie la plus
reculée (3). Toute l'histoire éthiopienne porte
l'empreinte de cette étroite union. Les états les
plus anciens de l'Égypte faisaient découler de là
leur origine. Thèbes et Méroé fondèrent ensemble une colonie en Libye; des conquérants éthiopiens ont conquis plus d'une fois l'Égypte; des
rois égyptiens entrèrent à leur tour dans l'É-
thiopie; le même culte, les mêmes mœurs, les
mêmes habitudes, la même écriture se trouvent
dans les deux pays; et encore sous le règne de
Sammétique un nombreux parti mécontent se
retira en Éthiopie. Ces rapports continuels ne

____

(1) Isaïe, XLV, 14.
(2) Jérémie, XLVI, 9.
(3) Ézéchiel, XXX, 6, et les notes de Michaelis.

font-ils pas présumer une alliance suivie qui ne pouvait être produite et entretenue que par un long commerce pacifique?

D'ailleurs, l'Égypte était, aussi loin que tend l'histoire, inondée des marchandises des pays méridionaux. D'où tirait-elle ces épices et ces aromes qui servaient à embaumer tous les ans des milliers de morts? D'où venaient ces encens qui brûlaient sur ses autels? Où prenait-elle cette quantité inouïe de coton dont se couvraient ses habitants, lorsque la nature l'avait cependant si peu dotée de cette production (1)?

Comment l'Égypte eut-elle de si bonne heure connaissance des pays aurifères de l'Éthiopie que Cambyse voulut visiter, entreprise dans laquelle il perdit la moitié de son armée? D'où vient cette quantité d'ivoire et de bois d'ébène qui ornait les plus anciens monuments des Grecs et des Hébreux (2)? A quoi attribuer en général cette propagation aussi ancienne du nom éthiopien, qui brille dans les traditions de tant de peuples, et qui est chanté aussi bien par les poètes hébreux que par les premiers bardes grecs?

---

(1) Beckmann (*Préparation à la connaissance des marchandises*), n° I, p. 19.

(2) Hérodote, III, 114.

Comment expliquer ces phénomènes, si les dé-serts qui bornaient ces peuples les eussent sé-parés à jamais des habitants des pays septen-trionaux ?

Mais pourquoi en appeler à ces traditions dont la voix s'est depuis long-temps éteinte ? Qu'ils parlent eux-mêmes ces débris des monu-ments imposants dont la chaîne n'est pas inter-rompue près d'Éléphantis et de Philæ, mais qui s'étend au - delà du désert jusqu'à Méroé. — Quelque court et laconique que soit leur lan-gage, il nous dit clairement qu'il y avait des relations entre ces peuples, que les uns et les autres avaient pu établir.

Je crois avoir mis mes lecteurs à même de juger de l'authenticité et de l'étendue de ce com-merce antique des peuples méridionaux. C'était une alliance entre les régions les plus riches et les plus fertiles de la terre : les pays aurifères de l'Afrique orientale, avec l'Inde si renommée par ses épices, et l'Arabie méridionale, la patrie des encens, des pierres précieuses, et des aromes.

Il nous reste une autre recherche importante à faire, c'est de poursuivre la marche de ce com-merce à travers les vastes pays de l'Afrique. Plus la perspective qui s'est déja ouverte à nos yeux était neuve et inattendue, plus l'attention de mes lecteurs s'arrêtera, je l'espère, sur ces considérations.

Mais celles-ci exigent préalablement une autre recherche, que j'ai déja fait pressentir, c'est-à-dire la liaison intime établie dans ces pays entre le commerce et la religion, institution qui nous étant tout-à-fait étrangère demande quelques développements.

Cette liaison fut jadis indissoluble comme elle l'est encore aujourd'hui. Tout commerce a besoin de places sûres et tranquilles. Dans les pays resserrés de l'Europe, habités par des peuples ou tout-à-fait civilisés, ou du moins en partie, il les trouve dans toutes les villes et même presque dans tous les bourgs. Mais il n'en est pas de même dans les pays immenses de l'Orient, où une caravane de marchands fait souvent plusieurs centaines de lieues sans rencontrer d'autres peuples que des tribus nomades et rapaces. Son marché n'est pas là où elle le choisirait, mais où la nature en assigne la place, au-delà du désert ; sinon au milieu de ces mêmes hordes, du moins dans leur voisinage. Qu'est-ce qui peut y protéger le commerce, si ce n'est la sainteté du lieu ? Où trouver un asile, si ce n'est sous les murs des temples ?

En outre, le prompt et bon débit des marchandises exige une grande affluence de monde. Où

celui-ci est-il plus grand que là où se trouvent
des sanctuaires populaires, et où des nations entières célèbrent leurs fêtes? Dans les lieux où on se
livre à toutes les jouissances de la vie, les besoins
sont les plus nombreux, ce qui fait qu'on a le
plus de moyens de s'enrichir. Aujourd'hui encore, quoique le commerce maritime ait dimi-
nué considérablement le négoce de terre, l'Orient
en offre les preuves les plus surprenantes. La
Mecque n'est-elle pas encore à présent, grace à
son temple, le marché principal du commerce
de l'Arabie? Les grandes caravanes de pélerins
qui s'y rendent du fond de l'Asie et de l'Afrique,
ne sont-elles pas proprement des caravanes commerçantes? Les marchés que leur arrivée fait
naître, ne sont-ils pas les plus considérables de
l'Asie?

Il est inconcevable jusqu'à quel degré une
ville s'élève dans l'Orient dès qu'elle possède un
sanctuaire qui, en devenant le but des péleri-
nages, sert en même temps de place de commerce (1).

______

(1) Un seul exemple de l'Égypte moderne, d'un endroit
que l'on connaît à peine en Europe, suffira pour constater
cette vérité. Tenta, ville du Delta, est célèbre par le tombeau d'un saint mahométan, Seyd Achmed. Son adoration
attire une quantité prodigieuse de pélerins, qui, lors de

Toute l'organisation de la vie sociale y amène
ce résultat. En Europe, le marché le plus riche
ne peut devenir que le point de réunion d'un
nombre d'individus plus ou moins grand. En
Orient, où la majeure partie des habitants consiste en peuples nomades, qui, sans avoir beaucoup de besoins, en ont cependant auxquels
on s'habitue facilement, et qu'on ne peut satisfaire qu'à l'aide du commerce, ce ne sont pas
seulement des individus, mais des tribus entières
ou des divisions de tribus qui paraissent comme
acheteurs. Combien une telle place commerçante
ne doit-elle pas être fréquentée et acquérir de
l'importance! combien le bruit d'un tel sanctuaire né doit-il pas se répandre! et lorsque le
commerce s'y rattache une fois, n'est-il pas naturel que l'établissement de ces sanctuaires en
d'autres places reculées où règne le même culte,
finisse par en diriger la marche?

---

l'équinoxe du printemps et du solstice d'été, affluent de
toutes les parties de l'Égypte, de l'Abyssinie, de l'Arabie
et de Darfour; on en porte le nombre à cent cinquante
mille. Ces réunions périodiques ont en outre le commerce
pour but; et chacune d'elles est aussi l'époque d'une foire
célèbre qui dure plusieurs jours, où l'on échange les produits de la Haute-Égypte, des côtes de la Barbarie et de
tout l'Orient, contre les troupeaux et le lin du Delta.
Mémoires sur l'Égypte, III, p. 357.

Quant à la religion ou au culte de ces peuples, nous nous sommes expliqués à cet égard autant que l'exigeait l'objet de ces recherches. Ce fut le culte d'Ammon et des dieux de sa famille qui s'était répandu le long des rives du Nil, depuis le voisinage de ses sources jusqu'à son embouchure, par les établissements de la même caste sacerdotale; et les places qui paraissent consacrées de préférence au culte des mêmes dieux, sont aussi mentionnées comme les principaux points du commerce de ces régions.

Ces relations nous fournissent donc autant d'indications pour déterminer la route commerciale la plus ancienne qui conduisait de l'Éthiopie en Égypte et dans l'Afrique Nord. Il est inutile de démontrer que ce commerce se faisait, par caravanes; car la position et la nature de ces pays n'en admettent pas d'autre. Le Nil, selon le témoignage d'Hérodote, n'était qu'avec peine navigable au-dessus de l'Égypte, quoiqu'il semble qu'on ait employé en effet cette route depuis bien long-temps; et anciennement pas plus qu'aujourd'hui un marchand n'osait traverser des déserts arides sans une escorte imposante.

Dans mes recherches sur le commerce continental de Carthage, j'ai suivi les routes des caravanes allant de l'Afrique septentrionale et de la Nigritie dans la Haute-Égypte, où, comme nous

13.

avons vu, Thèbes leur servait de point de réunion. Nous n'avons qu'à rattacher à ce travail le
fil de nos observations, pour accompagner les né-
gociants de cette ville en Éthiopie et à Méroé.

Méroé, par sa position, a été de tout temps
le point central naturel du commerce de caravanes entre l'Éthiopie et les pays en-deçà du
désert de la Nubie. Ce sont trois caravanes prin-
pales qui vont encore aujourd'hui de l'Afrique
intérieure en Égypte ; celle du Fezzan ou de la
Barbarie, celle de Darfour, et celle de Sennaar
et d'Atbar, l'ancienne Méroé (1).

C'est, en partant de l'Égypte, le premier pays
fertile qui s'offre à la vue après ces tristes déserts, et par conséquent la station naturelle des
caravanes, et qu'elles n'atteignent qu'avec peine,
et rarement sans danger. C'est également l'entrepôt des productions de l'Afrique intérieure
que l'on porte dans les contrées plus septentrionales. C'était même un pays aurifère (2), et,

____

(1) C'est là ce que nous apprennent les relations modernes. Voyez *Mémoires sur l'Égypte*, IV, p. 81.

(2) Méroé est compté parmi les pays qui produisent de
l'or. DIODORE, I, p. 38 ; STRABON, p. 1177. Ceci s'applique
aux contrées aurifères de Juba et de Nuba, qui le touchent
au Sud-Ouest. Mais il est vraisemblable aussi que les fleuves
à Méroé charrient de l'or, puisqu'ils descendent en partie

grace aux fleuves navigables qui l'entourent de toutes parts, il communiquait aisément avec les pays méridionaux. Ses relations avec l'Arabie-Heureuse étaient facilitées par la distance peu considérable qui l'en séparait ; ce qui fait que tant que ce pays resta en possession du négoce arabe et indien, il fut le marché naturel des produits de ces peuples pour l'Afrique.

Mais si Sennaar ou le pays de Méroé paraît important pour le commerce ; la contrée qui environne la ville de Méroé se présente continuellement comme le point principal de ce trafic.

« Chandi (à présent l'endroit le plus proche de l'ancienne Méroé), dit le chevalier Bruce (1), qui ne parle pas ici comme historien, mais comme simple narrateur, était autrefois une place où affluaient des hommes de tous les pays. Les caravanes de Sennaar, d'Égypte, de Suakem et de Kordofan, avaient l'habitude de se réunir toutes en ce lieu, surtout depuis que les Arabes avaient fermé le chemin par Dongola et le désert Bahiuda. »

---

de ces régions montagneuses. Méroé a en outre des mines de fer et d'airain. Diodore, I, p. 38 ; Strabon, p. 1177. Ceci n'est certainement pas indifférent pour l'histoire de la civilisation de ce pays.

(1) Bruce, IV, p. 532.

Les relations d'un voyageur non moins célèbre, de l'excellent Maillet (1), qui écrivit vers le
commencement du siècle dernier, sont encore
plus détaillées et plus exactes. La caravane de
Sennaar, apportant de la poudre d'or, du bois
d'ébène, de l'ivoire, du baume, et deux ou trois
mille esclaves noirs, des marchandises que les
anciens connaissaient et savaient fort bien ap-
précier (2), se rassemblait alors deux fois par
an à Gerri, endroit placé à quelques lieues au-
dessus de Chandi et de l'ancienne Méroé. Ici se
réunissaient à une époque déterminée les marchands de Sennaar, de Gondar, capitale d'Abyssinie et de plusieurs autres contrées de l'Afrique intérieure. Les caravanes, laissant le Nil à
l'Est, traversaient la Libye, où, le dix-septième
jour elles trouvaient une vallée fertile, couverte
de palmiers ; le chemin passait ensuite par des
contrées montagneuses, et ce n'est qu'à Monfe-
lut, ville de la Haute-Égypte, qu'ils regagnaient
le Nil.

Les éclaircissements que l'expédition française
a donnés à l'Europe, ne confirment pas seulement ces faits, mais répandent encore plus de

---

(1) Maillet, *Description de l'Égypte*, p. 197, 216, etc.

(2) Ce sont absolument les mêmes productions qu'Hérodote (III, 114) donne à l'Éthiopie.

jour sur l'importance de cette place relativement
au commerce (1). C'est Chandi ou l'ancienne Méroé, où se sépare la route de caravanes allant
vers le Nord ou l'Égypte, de celle de l'Est allant
vers le golfe Arabique et Suakem. Cette circonstance seule devait faire un marché principal
de cette ville, qui est encore à présent la plus
proche de Sennaar.

Il en fut de même dans les siècles du moyen
âge, lors de la splendeur du négoce arabe. Les
routes commerciales allaient alors aussi d'Alua
à Suakem, Massuah, et les îles du golfe Arabique (2).

Burkhardt, qui séjourna tout un mois à Chandi
(Shendi) (3), n'affirme pas seulement toutes ces
choses, mais il donne sur le commerce de ce
pays des renseignements si circonstanciés, que
j'aime mieux renvoyer à son ouvrage, qu'en ex-
traire des passages.

« Le négoce, dit-il (4), est la véritable vie de
la société dans ces pays; le peuple de Berber et
de Chandi est commerçant dans la force du

---

(1) *Mémoires sur l'Égypte*, IV, p. 119.

(2) QUATREMÈRE DE QUINCY, *Mémoires*, II, p. 16, tiré
de Makrizi.

(3) Du 17 avril au 17 mai 1814. *Travels*, p. 277, etc.

(4) BURKHARDT, p. 324.

terme. Il n'y a pas de famille qui ne soit inté-
ressée à une branche d'industrie. »

Parmi les articles, qu'il cite scrupuleusement,
les esclaves noirs des deux sexes, du *durra*, de
l'or, de l'ivoire, du bois d'ébène, des singes et
des plumes d'autruche (1) occupent le premier
rang. Le pays ne produisant pas assez de durra,
il faut en importer. Les autres marchandises ci-
tées plus souvent viennent surtout de Sennaar,
d'où il arrive une caravane toutes les six semaines ; presque aussi souvent de Suakem ; le commerce avec l'Yémen, Hadramaut et Malabar est
des plus actifs (2). Ajoutez à cela le trafic de sel,
si important dans l'antiquité.

A quelques lieues de Chandi est la grande
mine de sel qui fournit ce minéral à toute l'A-
byssinie (3), et que Strabon nous a déjà fait con-

---

(1) Le commerce de plumes d'autruche a dû être nécessairement très-important même dans l'antiquité, car elles
figurent souvent dans les coiffures des prêtres égyptiens.
Des singes, comme objets d'agrément, paraissent déja dans
le butin (voyez p. 81 de ce volume), ainsi que dans le
commerce d'Ophir.

(2) Burkhardt, p. 319.

(3) *Ibid.*, p. 296. Ce sel est très-blanc. Les marchands
de Sennaar viennent le chercher pour en approvisionner
l'Abyssinie.

naître (1). Voyez les détails que cet auteur nous
a donnés. Mais je ne dois pas laisser ignorer une
circonstance importante : c'est qu'autant le négoce est actif avec l'Égypte, l'Arabie et Sennaar,
autant il l'est peu à l'Ouest avec le Soudan (2).

Le grand trafic intérieur de l'Afrique suit deux
directions principales : l'une descend la vallée
du Nil, depuis Sennaar jusqu'en Égypte ; l'autre
est celle de Soudan, depuis le Joliba jusqu'à la
Méditerranée. L'empire de Bornou les sépare
l'une de l'autre. Voilà ce qui se passe de nos
jours ; et un regard jeté sur les routes commerciales de ma carte montre qu'il dut en être de
de même dans l'antiquité.

La contrée de Gerri et de Chandi, c'est-à-dire
l'emplacement de l'ancienne ville de Méroé, fut et
est encore toujours le rendez-vous ou le terme des
caravanes éthiopiennes qui partaient d'Égypte ou
qui s'y rendaient. Mais du moment que ces relations commerciales entre l'Égypte et Méroé
sont prouvées, on n'a guère besoin de rappeler
qu'elles devaient s'étendre nécessairement bien
plus dans le cœur de l'Afrique méridionale. Méroé n'était que l'entrepôt des produits amenés
des pays méridionaux, pour être expédiés dans

---

(1) STRABON, p. 1177.
(2) BURKHARDT, p. 322.

l'Afrique septentrionale sur le Nil, ou bien aussi par des caravanes. Les vrais termes de ce commerce étaient les riches pays d'or qui ne commencent que plus au Sud. Une preuve évidente nous est donnée par le peuple des Macrobiens, dont les habitations, comme je l'ai montré ailleurs, sont placées bien plus haut. Il fallait qu'il y eût depuis long-temps des rapports entre ce peuple et l'Égypte, pour que Cambyse pût former le plan d'une expédition vers ces contrées, et qu'il pût y envoyer, comme espions, des ichtyophages égyptiens, qui en connaissaient le chemin et qui parlaient la langue de ce peuple. La communication entre l'Afrique septentrionale et méridionale n'est en général entravée que par le désert; les pays situés au-delà du désert sont dans des relations constantes, comme le montrent les indications données par les anciens et les derniers rapports de la Compagnie anglaise (1).

On voit combien les traces de ce commerce entre l'Égypte et l'Éthiopie sont nombreuses et variées! Il nous reste à déterminer plus exactement les routes qu'il suivait. La route ordinaire des caravanes se dirige actuellement à l'Est du Nil, où ce fleuve forme une grande courbure

---

(1) *Proceedings*, p. 259, etc.

vers l'Ouest, à travers le désert de la Nubie; et
c'est le même chemin que suivit Bruce pour aller
de Sennaar en Égypte, et Burkhardt de ce pays à
Sennaar(1). Depuis la frontière septentrionale
de Sennaar, et le commencement du désert jusqu'à Assur, sur la frontière de l'Égypte, ce
voyage comprend vingt journées(2). Une autre
route, longeant presque toujours le Nil, est
beaucoup plus longue, à cause de sa grande courbure vers l'Ouest (3).

On ne peut guère fixer historiquement jusqu'à
quel point la première route, la plus courte, mais
aussi la plus pénible, était fréquentée dans l'antiquité.

Mais si Ératosthène et Artémidore évaluent
la distance de Syène jusqu'à la ville de Méroé,
l'un à six cent vingt-cinq, l'autre à six cents
milles romains (4), elle est sans doute calculée
d'après cette route directe (5); elle devait donc

---

(1) Les stations de ces routes et les distances sont indiquées exactement dans les *Mémoires sur l'Égypte*, IV, 118.

(2) C'est le temps qne mit Burkhardt à ce voyage, en
allant avec une caravane. Si Bruce en employa moins,
c'est qu'il ne voyagea point avec une caravane nombreuse.

(3) On trouve cette route tracée sur la carte de Bruce.

(4) Voyez p. 116 de ce volume.

(5) Les journées comptées à vingt-cinq milles porteraient

être connue. C'est, selon Burkhardt, le seul chemin qui conduise de Chandi en Égypte (1), et
celui que prennent ordinairement les caravanes
de Sennaar. Quoiqu'il ne soit pas entièrement dé-
pourvu de danger, il ne leur paraissait néanmoins
pas si dangereux que le passage du grand désert
de la Syrie. On tombe cependant sur quelques
sources qui indiquent combien la marche adoptée était invariable.

Une description du chemin plus long, qui,
autant que le permettaient les lieux s'effectuait
sur le Nil même, a déja été donnée d'après
Hérodote, dont les quarante journées s'expliquent par son observation que l'on doit toujours suivre le cours du fleuve (2). Plusieurs
endroits placés le long du fleuve font présumer
que ce chemin était aussi alors le plus usité, du
moins pour ceux qui redoutaient de traverser le
désert.

Cette route conduisait à Merawé où commencent les dernières cataractes; et cette position
explique fort naturellement l'établissement de

---

le voyage à vingt-quatre jours, ce qui s'accorde avec les
indications ci-dessus, en ajoutant aux vingt journées encore
le chemin de Chandi jusqu'au désert.

(1) BURKHARDT, p. 297.

(2) Voyez p. 112 de ce volume.

cette colonie. Pline connaît non-seulement ce chemin, mais il décrit même la manière de voyager sur le Nil. « Syène, dit-il, est le rendez-vous des barques éthiopiennes. On les ploie (1) et on les porte sur les épaules, chaque fois qu'on arrive auprès des cataractes. » Même dans des temps modernes cette coutume subsista encore.

Voilà ce qu'en rapporte Maillet (2). « Malgré les nombreux rochers et les cataractes qui rendent la navigation du Nil si difficile, on ne se laissa cependant pas rebuter. On avançait les barques autant que possible des cataractes; ensuite on déchargeait toutes les marchandises, et plusieurs hommes plaçaient les barques, petites et d'une construction légère, sur leurs épaules, et les portaient au-delà de la cataracte; tandis que d'autres chargeaient les marchandises et les portaient à la même place. Les barques étaient ensuite rechargées, et on les remettait de nouveau sur le Nil; et c'est ainsi qu'on allait d'une cataracte à l'autre jusqu'à ce que toutes fussent passées. »

Cependant l'organisation du voyage montre bien que cette route pouvait être difficilement

---

(1) *Plicatiles*, PLINE, V, 9. Ces barques étaient donc probablement faites de peaux.

(2) MAILLET, p. 215.

celle des caravanes; et les renseignements donnés par Hérodote montrent expressément que
pour éviter les cataractes, on préférait prendre
pendant quarante jours le chemin de terre le
long du fleuve.

Les nombreux bourgs que l'on rencontre partout montrent que cette route passait par des
contrées habitées, et qu'un voyageur seul ne
courait peut-être pas de grands dangers à la
prendre.

Le chemin qui conduisait anciennement de
Méroé au golfe Arabique et vers l'Yémen, n'est
indiqué par aucun écrivain. Mais ces relations
mêmes des peuples ont laissé des vestiges que le
temps n'a pu détruire. C'est au milieu du chemin que s'élèvent les ruines d'Axum, et c'est à
l'extrémité, sur la côte située en face de l'A-
rabie-Heureuse, qu'on cite les débris d'Adule
et d'Azab.

L'âge d'Axum, cette ancienne capitale de l'É-
thiopie, a encore besoin de quelques études.
Son nom n'est rapporté que par les auteurs du
premier siècle. Ni Hérodote, ni Strabon ne la connaissaient. Le premier qui en fasse mention, c'est
l'auteur du Périple de la mer Rouge, probablement contemporain de Néron (1); et ensuite

____

(1) ARRIAN., *Periplus maris Erythr. in* HUDSON, *Geograph.*

Ptolomée. Plus tard, au sixième siècle, Justi-
nien étant entré en rapport avec l'Éthiopie,
Axum jouit d'une grande réputation. C'était
alors la résidence des rois d'Abyssinie. Cosmas,
Nonnosus, Procope et d'autres en parlent avec
éloge (1).

On m'accordera sans peine que le silence seul
des écrivains antérieurs ne prouve rien contre
une plus haute antiquité; d'ailleurs l'âge d'Axum
serait déja constaté par une inscription portant
le nom de Ptolomée que Bruce prétend avoir trouvée en ces lieux, si l'existence de cette inscription
n'avait été niée par la suite. Mais à défaut d'auteurs, nous avons pour nous de témoins irrécusables, c'est-à-dire les ruines d'Axum elles-mêmes.

Ces monuments curieux piquèrent de bonne
heure l'attention des voyageurs. Les Portugais
Alvarez et Tellez (2) en ont donné les premiers
quelques éclaircissements; vint ensuite la des-

---

min., vol. I, p. 3. Axum y est appelée une métropole
(*métropolis*), et était alors le marché principal du commerce
de l'ivoire. De là jusqu'à la mer Rouge le chemin était de
sept à huit journées.

(1) Ludolf, *Histor. Æthiop.* II, cap. 11, et *Commen-
tarius*, etc., p. 60, 251.

(2) Alvares, *Viaggio della Etiopia*, cap. 38; et Tellez,
Historia general da Etiopia, lib. I, cap. 22.

cription de Bruce ; mais celle-ci a été sévèrement critiquée et rectifiée en beaucoup de points par le voyageur le plus moderne, M. Salt.

Les relations des Portugais, surtout celles d'Alvarez, sont détaillées, mais dépourvues d'esprit critique. Les restes d'Axum datent de différentes époques ; en partie d'une haute antiquité, en partie des premiers siècles après la naissance du Christ, en partie des temps chrétiens encore plus récents. Alvarez et Tellez manquaient de connaissances pour les distinguer suffisamment. Mais leurs relations ont du prix en ce qu'elles dénotent que jadis il y avait en ce lieu encore plus d'antiquités qu'on n'en trouve actuellement. Alvarez cite, outre les obélisques tant debout que couchés, et munis en partie de caractères écrits, encore plusieurs piédestaux et statues de lions qui crachent de l'eau. Tellez ne parle pas seulement des obélisques et des pyramides dont la ressemblance avec ceux de l'Égypte ne serait pas à méconnaître; mais il vit aussi, à ce qu'il dit, une inscription en caractères grecs et latins, probablement la même que Salt a publiée. Quant aux données fournies par le chevalier Bruce, j'aime mieux les communiquer avec ses propres paroles (1) :

---

(1) BRUCE, III, p. 132.

« Le 18 janvier (1770), nous arrivâmes, dit-il(1), dans une plaine, où s'élève Axum, ville qui passe pour avoir été autrefois la capitale de l'Abyssinie. Moi je crois que c'est la capitale superbe d'un peuple commerçant, ou des Éthiopiens-Troglodytes, par la raison déja indiquée que les Abyssiniens ne construisirent jamais de ville ; car on ne voit dans tout le pays aucunes ruines de cité. Mais dans la partie habitée par des Troglodytes ou des Nègres, il y a en différents endroits des édifices qui sont très-solides et magnifiques ; surtout à Azab (2), et qui conviennent à la splendeur et aux richesses d'un état regardé depuis les temps les plus reculés comme entrepôt du commerce de l'Inde et de l'Afrique.

« Les ruines d'Axum sont très-étendues, mais elles se composent toutes d'édifices publics. Sur une place carrée, qui me semble avoir été le centre de la ville, s'élèvent quarante obélisques, dont aucun n'est muni d'hiéroglyphes. Ils sont tous construits d'un seul morceau de granit, et sur la pointe de l'obélisque placé debout on aper-

____

(1) Bruce, III, p. 128, etc.

(2) Azab est situé sur la côte africaine, absolument en face de l'Arabie-Heureuse près du golfe de Babelmandeb. Il est à regretter que, jusqu'à présent, ni Bruce, ni un autre voyageur, n'aient encore visité ces ruines.

çoit une coupe destinée aux libations, bien travaillée dans le goût grec, etc.

« Nous nous dirigeâmes ensuite vers le Sud
par un chemin taillé dans une montagne de
marbre rouge, en laissant à notre gauche un
parapet de cinq pieds de haut des mêmes pierres. On a taillé, dans ce parapet, à certaines distances, des piédestaux massifs, sur lesquels on
remarque des traces qui indiquent qu'ils sup-
portaient des statues colossales de Sirius. On
compte encore cent trente-trois de ces piédestaux
avec les vestiges de ces statues à leurs places;
mais lorsque je les vis, il ne restait plus que
deux figures mutilées de chiens, où l'on recon-
naissait facilement le style égyptien (1). Il y a
aussi des piédestaux sur lesquels reposaient des
figures de sphinx. Deux escaliers superbes de
quelques cents pieds de hauteur tout en granit

____

(1) Ces figures mutilées de chiens n'auraient-elles pas
aussi présenté des sphinx, ou bien peut-être des lions
égyptiens, comme on en voit à Rome près de la *Fontana
felice* ? Bruce, en appliquant son hypothèse de l'adoration
de l'étoile du chien, croit en rencontrer partout des monuments. Si M. Salt ne trouva plus ces deux figures, cela ne
prouve rien contre leur existence, puisque Alvarez cite
plusieurs de ces statues de lions qui servaient alors de
fontaines.

et très-bien conservés se trouvent encore à leur place, et forment les seuls débris d'un temple magnifique. »

Les relations du chevalier Bruce ont été en partie réfutées, en partie confirmées par M. Salt, qui accompagna lord Valentia, mais qui alla seul en Abyssinie (1). Il nie l'existence d'un parapet en marbre rouge et les traces des cent trente-trois piédestaux massifs, en affirmant que tout ce que Bruce avait pris pour un ouvrage de l'art n'était que l'œuvre de la nature. Des restes de l'art antique, M. Salt vit d'abord deux groupes d'obélisques, à une distance considérable l'un de l'autre, chacun composé de quatorze ou quinze morceaux. De chaque groupe il n'en reste qu'un debout. Le plus grand, d'un seul morceau de granit, a quatre-vingts pieds de haut, et quelques-uns de ceux qui sont renversés le surpassent encore; le plus petit a vingt pieds.

Plusieurs d'entre eux, ainsi que celui qui est debout, sont couverts de sculptures, qui semblent cependant être plutôt des ornements que des hiéroglyphes; d'autres en sont dépourvus.

Les proportions et le travail en sont admira-

____

(1) VALENTIA, *Travels*, vol. III, p. 87 et suiv., 181. Dans les estampes on a donné un plan de la contrée, ainsi qu'une copie du grand obélisque, comme aussi de l'église moderne.

bles; la copie de M. Salt en donne l'idée la plus
juste, et réfute les singulières opinions de Bruce
de coupes grecques consacrées aux libations, etc.

Les sculptures représentent des ornements
architectoniques (on voit quelque chose de semblable sur les grottes-pagodes indiennes); en bas
une porte, et en haut des ouvertures ou des
fenêtres. L'ancien nombre des obélisques était
fixé par les prêtres à cinquante-cinq. Plusieurs
piédestaux et autels étaient épars çà et là, et non
plus à leurs places primitives. Les deux escaliers
superbes sont marqués sur le plan de M. Salt,
comme aussi deux autres taillés dans le roc.
L'inscription grecque, copiée et interprétée par
ce savant, appartient à des débris plus récents,
car elle est du IVe siècle de notre ère.

Les anciens monuments d'Axum ont été sacca-
gés par des destructions violentes enfantées par le
fanatisme; ce qui arriva, suivant le récit des ecclé-
siastiques habitant ces lieux, l'an 1070, à l'insti-
gation d'une reine d'Amhara, nommée Gadit; ou,
d'après une inscription trouvée à Axum, par ordre d'un conquérant, Abun David, ou peut-
être par le concours de l'un et de l'autre. Comme
depuis plus de 1100 ans Axum était le siége
d'une église chrétienne (celle d'aujourd'hui a été
bâtie en 1657), plusieurs des anciens matériaux
ont pu être employés à ces nouvelles construc-

tions; et il ne resta que ce qui ne pouvait être emporté ou utilisé. Mais ces débris suffisent pour nous convaincre de la haute antiquité d'Axum.

Quoique le plan de l'édifice principal ne puisse être exposé clairement, M. Salt fait remarquer néanmoins que tous les monuments dans les alentours de la nouvelle église ne forment qu'un groupe, et appartenaient jadis à un seul grand bâtiment. Mais qui ne reconnaît, dans les détails comme dans l'ensemble, la ressemblance la plus frappante avec les anciennes constructions de l'Égypte? Ces rangées d'obélisques qui formaient ici aussi la double entrée; ces piédestaux qui portaient jadis des statues, peut-être des colosses; cette vaste étendue que l'ensemble doit avoir eue, tout cela ne montre-t-il pas la même architecture, le même art à employer les grandes masses de pierres, le même goût que l'on remarque dans les ruines de Thèbes, d'Éléphantis et de Méroé, avec lesquelles Bruce les compare lui-même dans un autre passage (1)? Et néanmoins on tombe encore sur des différences sensibles. Si, comme nous l'avons fait observer, la Nubie et Méroé ne montrent aucune trace

____

(1) BRUCE, IV, p. 542.

d'obélisques (1), nous en trouvons ici des groupes entiers. Cependant tandis que les obélisques d'Égypte sont couverts d'hiéroglyphes, ceux d'Axum au contraire en sont privés; mais ils se présentent revêtus d'ornements.

Ces circonstances ont conduit dernièrement un historien à conjecturer qu'Axum faisait dans l'origine partie des villes fondées par la caste de guerriers égyptiens émigrés (2). Et effectivement cette conjecture paraît assez fondée.

Axum était située dans l'intérieur des contrées occupées par ces réfugiés. Nous savons qu'ils s'étendaient à l'Est jusqu'au golfe Arabique. L'absence des hiéroglyphes s'explique par l'absence d'une caste sacerdotale. Axum remonte ainsi aux derniers temps des Pharaons. Il est certain qu'elle fut depuis une grande place de commerce intérieur; c'est comme telle qu'Arrien nous la présente dans son Périple. Mais jusqu'à quel point elle l'était déja avant; voilà ce que nous ne saurions déterminer.

____

(1) Le morceau d'un obélisque que Bruce prétend avoir vu près de Kurgos (voyez p. 120 de ce volume), ne fut pas trouvé par ses successeurs.

(2) MANNERT (*Géographie des Grecs et des Romains*, t. X, 166), prend Axum pour la même ville qu'Esar, fondée par les émigrés. Voyez le Traité que j'ai inséré dans les *Comment. Societ. Goöting.*, vol. XII, p. 64.

Selon Bruce, le terme du voyage, Azab, était à l'entrée du golfe Arabique; d'où le trajet de l'Arabie-Heureuse ne demandait que peu d'heures.

Des débris dans le genre de ceux dont j'ai déja fait mention en rapportant le passage de Bruce, ornent encore actuellement, à ce qu'on dit, cet endroit remarquable, qui fut jadis le premier entrepôt des marchandises de l'Inde et de l'Arabie destinées pour l'Afrique (1).

Mais outre Azab, il y avait encore un autre port ancien sur le golfe Arabique, dont nous pouvons parler avec plus de certitude, celui d'Adule. Il était à une faible distance de l'Arkeeko moderne, par 15° de latitude Nord.

Pline (2), d'après un ancien écrivain, dit « qu'A-

____

(1) Les renseignements donnés plus haut sur les Samalis auront montré combien il est à désirer qu'on examine plus exactement la partie de la côte d'Afrique autour du détroit de Babelmandeb. Même en rejetant l'autorité de Bruce relativement à Azab, qui est probablement synonyme de Saba, on ne peut cependant pas douter que les longues relations entre l'Arabie et l'Afrique n'aient donné naissance en ces lieux à quelques grands établissements; mais il ne faut pas les chercher justement à la place où se trouve Azab sur notre carte; ils peuvent bien avoir été en dehors de cette route; parce que les relations avec Aden en deviennent d'autant plus faciles.

(2) PLINE, VI, 34.

dule est la plus grande ville commerçante des
Troglodytes ainsi que des Éthiopiens. Ils y portent de l'ivoire, de la corne de rhinocéros, de la
peau d'hippopotame, de l'écaille et des esclaves.
« Adule était certainement une colonie d'É-
« gypte. » Des serviteurs égyptiens, dit l'auteur
latin, échappés à leur maître, la fondèrent. »

Ne les confondrait-il pas avec les guerriers
émigrés ?

Malheureusement aucun voyageur moderne
n'est allé jusqu'à Adule ; car Stuart, que Salt y
envoya, dut retourner parce qu'on ne voulut
pas le laisser passer. Mais les Arabes assurèrent
unanimement qu'il y avait là les débris d'une
ville ; et une colonne détournée, portée à Arkeeko, indiqua le style égyptien (1). Celui qui arrive à cette place, peut faire des découvertes importantes ; et pourquoi même le monument
connu d'Adule, dont nous devons la copie à
Cosmas (2), ne serait-il pas là à sa place ?

Il est une circonstance importante, remarquée
plus d'une fois par le chevalier Bruce, que dans
toute l'Abyssinie, les seules villes d'Azab, d'Axum
et de Méroé, auxquelles il faut ajouter maintenant

____

(1) Salt. *Voyage to Abyssinia*, p. 452. On prononce
maintenant Zulla.

(2) Voyez p. 52 de ce volume.

encore Adule, offrent des débris de ces grandes constructions dont la forme montre aussitôt leur haute antiquité comme leur origine commune.

Ce sont partout des ruines de grands édifices publics, tout est colossal ; mais on ne trouve pas la moindre trace de demeures particulières. Celles-ci n'étant pas aussi durables, ont peut-être disparu ; mais il restera encore toujours fort douteux jusqu'à quel point, si toutefois c'est admissible, on peut appliquer le modèle de nos villes à ces cités.

La plus grande partie des habitants de l'Éthiopie demeurèrent nomades, comme ils le sont encore actuellement, et comme ils le seront toujours, à cause de la nature de leur sol. Qui osera donc affirmer que ces constructions gigantesques aient réellement fait partie de villes ? Ces places, ornées de temples et d'obélisques, ne pouvaient-elles pas être simplement des entrepôts de commerce, où se réunissaient les caravanes de plusieurs contrées, et où des peuples éloignés apportaient les trésors de leurs pays pour les échanger contre d'autres produits, sous la protection des divinités adorées dans ces temples? Cette opinion ne s'adapterait-elle pas mieux au sol de l'Éthiopie, et ne répondrait-elle pas parfaitement à la grandeur de ces monuments? On ne saurait répéter assez souvent que dans ces ré-

gions reculées tout partait d'un principe entièrement différent, et que les choses prenaient
par conséquent une tout autre face que chez
nous.

En résumant les observations précédentes,
nous arrivons à ces résultats certains :

1° Depuis un temps immémorial il existait
des relations commerciales entre les pays de
l'Asie méridionale et de l'Afrique; entre l'Inde
et l'Arabie, l'Éthiopie, l'Égypte et la Libye.
Ces relations, fondées sur les besoins récipro-
ques, devinrent la source de la civilisation de
ces peuples.

2° Le marché principal de ces relations commerciales pour l'Afrique fut Méroé; et la route
principale est encore désignée par une chaîne de
ruines qui se prolonge depuis les rives de l'Océan
indien jusqu'à la Méditerranée. Adule, Azab,
Axum, en sont les chaînons entre l'Arabie-Heureuse et Méroé, comme Thèbes et Ammonium
le sont entre Méroé, l'Égypte et Carthage (1).

---

(1) C'est en effet un phénomène digne de remarque que
cette chaîne de ruines, avec tous ses chaînons, remonte
à la plus ancienne mythologie des Grecs. La renommée des
Éthiopiens, comme d'un peuple civilisé, était déja parvenue
du temps d'Homère chez les Hellènes, et se rapporte, comme
nous l'avons montré plus haut, de préférence à Méroé. Ce

3° Les principaux marchés de ce commerce
étaient en même temps des établissements de

---

même poète chante Thèbes aux cent portes. Les fables de
Jupiter Ammon en Libye sont liées aux mythes grecs les
plus anciens (DIODORE, I, p. 237); et les traditions des
excursions des Argonautes, du lac de Triton, des jardins
des Hespérides, des Gorgones, etc., montrent généralement
que le pays littoral de Carthage est un des principaux théâ-
tres de cette théogonie. Tout cela prouve que des fables
concernant ces contrées se répandirent de bonne heure dans
l'Occident; et cela ne s'explique-t-il pas naturellement par
les endroits servant de siége au commerce des peuples?

Mais nous trouvons encore dans Hérodote une trace curieuse qui semble prouver que des traditions de ce commerce ne pénétrèrent pas seulement en Grèce, mais qu'une
colonie d'Afrique même, à une époque fort reculée, essaya de s'établir dans ce pays par la voie ordinaire, en
y fondant un sanctuaire et un oracle. Cette trace est la narration de l'origine de l'oracle à Dodone parmi les Pelasges (II,
52 — 58). Les prêtres d'Ammon à Thèbes lui rapportèrent
que cet oracle, aussi bien que celui d'Ammonium, avait
été établi par les soins de Thèbes, et il affirme lui-même
que les oracles de Dodone et de Thèbes sont rendus de la
même manière. Deux femmes saintes (prophétesses), enlevées par des Phéniciens, et vendues, l'une en Libye,
l'autre en Grèce, auraient institué des oracles chez ces deux
peuples. A Dodone, dit-il, on lui raconta que deux co-
lombes noires s'étant envolées de Thèbes d'Égypte, étaient
venues s'abattre, l'une en Libye, l'autre à Dodone, et
qu'ayant fait entendre une voix humaine, elles avaient an-
noncé qu'il fallait établir dans ces lieux des oracles. Diodore

cette caste sacerdotale qui, comme tribu dominante, avait son principal siége à Méroé, d'où
elle envoya des colonies qui, à leur tour, fondèrent des villes, des temples, et jetèrent les
fondements de nouveaux états.

On ne saurait méconnaître ici la liaison étroite

---

regarde lui-même ce récit comme figuré, parce que les prophétesses parlaient une langue étrangère, et que, comme
Égyptiennes, elles étaient noires. Quant à la vente de ces
femmes comme esclaves, les prêtres ne la présentèrent que
comme une tradition incertaine. Quant à ce qui concerne Ammonium, nous savons que cet oracle était une colonie fondée
par Thèbes et Méroé. L'explication la plus naturelle est donc
de supposer la même chose de Dodone, et de ne considérer
les femmes saintes que comme les représentants de ces établissements, puisque, comme prophétesses, elles étaient effectivement les principaux personnages. — Ainsi s'explique
aussi cette autre relation d'Hérodote, que l'oracle de Dodone avait ordonné aux Pelasges d'adopter les noms des
dieux égyptiens, d'où ils auraient ensuite passé aux Hellènes. Je n'ai pas besoin de répéter que je donne seulement
comme conjecture ce qui n'est pas autre chose; mais je
ne puis m'expliquer ce récit d'Hérodote d'une manière plus
naturelle, sinon que l'oracle de Dodone était intéressé,
par des raisons qui nous sont restées inconnues, à introduire
le culte d'Égypte en Grèce. Mais on voit facilement que cela
ne pouvait pas avoir le même résultat qu'en Afrique. Il y
avait ici en général un autre monde; et, quelque chose que
les Grecs empruntassent aux étrangers, ils surent toujours
lui imprimer un caractère propre et national.

qui régnait entre le commerce et la religion, et on conçoit comment plus d'un état de l'Afrique intérieure s'est élevé dans la haute antiquité. Mais si la tribu dominante dirigeait par ses colonies la marche du commerce, ce n'était pas elle seule qui y prenait part d'une manière directe. J'ai déja fait observer plus haut que je suis loin de garder cette tribu sacerdotale en même temps comme commerçante. Cela aurait été au contraire tout-à-fait opposé à la coutume de l'Orient. Mais sans exploiter elle-même une branche d'industrie, la part et l'intérêt de cette caste au trafic pouvaient être très-grands, soit par les oracles, soit par la sûreté et la protection qu'elle accordait, soit par la quantité et la diversité des participants (1).

Il est de la nature du négoce par caravanes d'occuper une foule d'hommes. Déja la sûreté dans ces voyages lointains impose aux trafiquants la nécessité d'emmener avec eux une nombreuse escorte; en outre, toute l'organisation intérieure des caravanes, le soin à donner aux chameaux et aux autres bêtes de somme, le chargement et le déchargement des marchandises, réclament

---

(1) Voyez ce que nous avons dit, p. 164, de l'endroit moderne nommé Damer.

une foule d'aides qui, de simples conducteurs, s'élèvent souvent au rang de marchands.

Des hommes habitués à des demeures fixes et au séjour des villes ne s'accomodent pas de la vie errante des caravanes. En Arabie comme en Afrique, ces compagnies de commerce se recrutèrent de tout temps dans les peuples pasteurs nomades, qui abondent dans ces régions immenses (1).

Si leur genre de vie les rend le plus propres à ces entreprises, leurs troupeaux leur donnent en même temps les chameaux et les autres bêtes de somme dont ils ont besoin pour les exécuter. Ainsi les marchandises des Sabéens dans l'Arabie Heureuse étaient exportées par les Nabatéens et les Midianites ; ainsi les caravanes des Carthaginies étaient formées par des Lotophages et des Nasamons ; ainsi s'organisent aujourd'hui celles de Tripoli pour le Caire par les habitants de Fezzan. Ce n'est pas seulement une hypothèse arbitraire, mais il est dans la nature des choses qu'il en fût de même en Éthiopie.

Ces pays aussi étaient, comme nous le savons déjà, remplis d'une foule de peuples pasteurs et nomades, et il se trouve dans l'antiquité

_____

(1) Voyez p. 211 du quatrième volume de cet ouvrage.

quelques traces obscures qui nous donnent des
éclaircissements à ce sujet.

Les peuples habitant le long du côté occidental
de Méröé sur l'Astapus, les tribus des Agows
et des Bejahs ne pouvaient être inconnues en
Égypte, mais devaient l'avoir visitée. Ils dé-
peignirent dans ce pays le fleuve auprès duquel ils demeuraient, en prétendant que c'était
là le vrai Nil. Diodore recueillit ces données de
leur bouche (1); et comment auraient-ils fait ce
long voyage si ce n'est à la suite d'une caravane.
Mais les habitants des montagnes orientales,
les Troglodytes, et leurs voisins les Ichtyophages, semblent encore avoir été plus livrés à ce
commerce ; car ils connaissaient si bien les che-
mins conduisant jusqu'aux extrémités les plus
reculées de l'Afrique, que Cambyse choisit parmi
eux les espions qui, sous prétexte d'une députa-
tion se rendirent auprès des Macrobiens. Cela
n'était certainement pas la première fois qu'ils
arrivaient chez ce peuple, puisqu'ils en parlaient
même la langue.

Cette chaîne des montagnes orientale, ses habitants et ses produits, étaient généralement con-
nusde tout temps en Égypte. Hérodote put déja

---

(1) DIODORE, p. 45. Les Agows figurent déja dans le
monument d'Adule.

décrire cette chaîne jusqu'au-delà du détroit de
Babelmandeb ; car il ne nous apprend pas seulement sa direction d'une manière exacte, mais
il assure même, qu'à ses limites Sud-Est commence un pays qui produit de l'encens (1).

C'est la contrée d'Azab jusqu'au cap Gardefan,
par conséquent le pays de Samalis. Ici encore les
données de l'historien grec ont été confirmées par
les relations d'un voyageur moderne anglais (2).
Ceci fait supposer un commerce mutuel ; et l'on
peut présumer que les habitants nomades de ces
montagnes formaient en grande partie les caravanes qui allaient d'Égypte en Éthiopie, comme de
ce pays dans l'Afrique septentrionale et l'Arabie-
Heureuse.

Il en est encore aujourd'hui absolument de
même. Les caravanes qui font actuellement le
service entre l'Égypte et l'Abyssinie sont la plupart formées depuis bien long-temps par les Be-
jabs et les Ababdés, maîtres des montagnes et
d'une partie de la Nubie (3). Mais ces nomades
ne s'élevèrent guère au-dessus de leur position,
ils restèrent conducteurs de marchandises ; car
on ne trouve pas parmi eux des tribus riches. Ils

---

(1) Hérodote, II, 8.
(2) Voyez p. 49 de ce volume.
(3) *Mémoires sur l'Égypte*, III, 269.

paraissent en cette qualité dans la scène que Ptolémée Philadelphe après son avénement au trône
fit représenter, où l'on vit à côté de beaucoup
d'autres sujets aussi la marche d'une caravane
arabico-éthiopienne(1).

« Vint un cortége de chameaux qui portaient
trois cents livres d'encens, de crocus, de la casse
et de la cannelle, avec deux cents livres d'autres
épices précieuses. Ils furent suivis d'une troupe
d'Éthiopiens armés de lances, dont quelques-uns
portaient six cents dents d'éléphants, d'autres
deux mille morceaux de bois d'ébène, et d'autres encore, soixante vases remplis d'or, d'argent
et de poudre d'or. »

Malgré cette participation des peuples nomades, le commerce lui-même demeura cependant aux mains des habitants de Méroé et d'Axum,
qui le dirigeaient par leurs colonies dans l'étranger; et ces endroits restèrent donc ce que la
nature les avait faits, c'est-à-dire, places principales du commerce des peuples méridionaux.

––––––––––

(1) ATHEN., p. 201. — BRUCE, I, p. 432, parle beaucoup
de ces pasteurs armés. Il est connu que les caravanes prennent des escortes aux tribus nomades, telles que les Ababdès modernes. Cependant, d'après une autre leçon d'A-
thénée, c'étaient des δωροφόροι au lieu de δορυφόροι; des
Éthiopiens chargés de présents.

Cela nous conduit naturellement à ce grand résultat si important pour le genre humain et son histoire : les siéges du premier commerce des nations furent aussi le berceau de la première civilisation. L'échange des marchandises donna naissance à l'échange des idées qui firent éclater le feu sacré de l'humanité.

Nous avons montré que cette civilisation des Éthiopiens, c'est-à-dire de cette tribu sacerdotale dominante, se liait avec leur religion. Il s'y rattachait à la vérité quelques connaissances scientifiques, sans lesquelles la fondation de ces monuments n'aurait pas été possible. Mais la haute instruction dans les sciences que leur attribuent quelques écrivains(1), ne repose sur aucune base solide. Il n'y a pas un seul auteur parmi les anciens qui en ait fait des philosophes ou des astronomes, quoique ces dernières connaissances ne pussent pas être tout-à-fait hors de la sphère d'un peuple qui passait une grande partie de sa vie dans des voyages à travers les déserts, où les astres du ciel sont les seuls guides, et dont le climat amenait un changement bien plus régulier de la température ou des saisons que chez nous.

Diodore fait découler de l'Éthiopie (2) la civi-

---

(1) Plessing, *Memnonium*, I, p. 341.
(2) Diodore, I, p. 174, 175.

lisation des Égyptiens ; mais cette opinion ne peut être admise sans restriction, et en supposant que les premiers germes soient sortis de l'Éthiopie, on reconnaîtra sans peine qu'ils n'ont dû porter des fruits qu'en Égypte.

Selon le témoignage du même auteur, les Éthiopiens connurent l'écriture, non celle des caractères, mais celle des hiéroglyphes (1), dont on retrouve encore aujourd'hui les preuves sur les ruines de Méroé (2), et dont ils auraient été, suivant lui, les premiers inventeurs. La critique s'abstient avec raison d'un jugement sur cette assertion, dont la justesse ou l'erreur est également impossible à démontrer.

L'invention de cette écriture ne fut nulle part plus facile que chez un peuple qui avait un penchant si prononcé pour les arts plastiques, et son usage ou son perfectionnement ne fut nulle part plus naturel que dans un état dont la souveraineté était fondée avec la religion sur le commerce.

Mais une relation fort curieuse donnée par

---

(1) Diodore, I, 176.

(2) Les constructions devant les pyramides, surtout dans le sanctuaire (Cailliaud, pl. XLI, XLIII), ainsi que le temple principal à Naga (*Ibid.*, pl. XX, *Explications*), portent des inscriptions en hiéroglyphes ; mais elles ne purent cependant être copiées.

Diodore est que la connaissance de l'écriture hiéroglyphique en Éthiopie n'était point comme chez les Égyptiens, un privilége affecté exclusivement à la caste sacerdotale, mais que chacun pouvait y arriver, comme en Égypte, à la connaissance de l'écriture ordinaire.

Cet usage général ne prouverait-il pas d'une manière péremptoire son application au commerce? Un grand peuple commerçant ne resta certainement pas sans écriture; et aussi peu l'écriture hiéroglyphique suffirait aux besoins compliqués de notre commerce, aussi propre semble-t-elle au trafic par caravanes, dont la marche plus régulière et la simplicité des marchandises se contentent nécessairement d'une écriture plus limitée.

La réputation de piété et de justice que les Éthiopiens s'étaient acquise, et qui dès les temps les plus reculés avait frappé les peuples les plus éloignés, même des Grecs, n'a pas besoin, je crois, d'autre explication. C'étaient les premières vertus qui devaient se former chez un peuple jaloux de fonder son pouvoir sur le commerce et la religion, mais non sur la force et l'oppression.

Le chose la plus énigmatique, et cependant la plus certaine, c'est les progrès que ce peuple fit dans l'architecture, et en quelque sorte dans les arts plastiques. Les débris de ces monuments gigantesques plus ou moins conservés, attesteront à jamais la grandeur de leurs fondateurs.

Mais c'est un calcul mesquin d'après lequel nous ne mesurons que trop souvent ce que d'autres peuples ont pu devenir et entreprendre dans d'autres régions et sous d'autres circonstances. La liaison entre les sciences, l'architecture et les arts plastiques, est-elle donc nécessairement partout aussi étroite et intime que chez nous? Le talent mécanique ne peut-il pas être développé seul à un très-haut degré de perfection? Ne serait-il donc pas possible que l'activité d'un peuple, poussé par les circonstances, se concentrât sur un seul objet, et produisît en conséquence des ouvrages qui nous semblent inconcevables?

Au moyen âge, lorsque s'élevaient ces superbes cathédrales que nous admirons aujourd'hui sans pouvoir les reproduire, la proportion entre le développement des sciences et celui des arts n'était-elle pas chez nous tout autre qu'elle l'est à présent?

Mais malgré ces nuances dans les détails, les peuples de l'Afrique conservèrent toujours quant à l'ensemble la plus grande similitude. Des temples et des sanctuaires durent toujours être le terme de leurs voyages, comme ils le sont encore actuellement.

C'est autour de ces obélisques que campaient
jadis les caravanes allant en pélerinage aux temples d'Ammon, lesquelles se portent aujourd'hui
vers la *Caaba* du prophète dans la Mecque. Le
temps put changer le lien qui existe entre le
commerce et la religion , mais il ne lui fut pas
donné de le briser.

Nous disons adieu aux ruines de la Nubie et
de Méroé, aux monuments sacrés de la première civilisation ! Sous leur ombre mûrit jadis
ce fruit tel que cette terre pouvait le produire!
Transplanté dans les plaines fertiles de l'Égypte,
sous un ciel plus heureux, nous le retrouvons
sous une forme ennoblie, et plus beau et plus doux
que dans les champs arides de la Nubie.

APPENDICES.

APPENDICE I.

DE LA LANGUE DES BERBERS.

Tout ce que j'ai dit, page 12 de ce volume, sur la propagation et la langue des Berbers, a été depuis plus développé et confirmé par les études de W. R. *Hodgson*. Ces études, il les a exposées dans ses discours prononcés dans le sein de la Société philosophique de Philadelphie, et dans quatre lettres adressées au président de cette Société, *P. Duponceau*, Esq.; mais elles ont aussi été imprimées à part sous le titre de : *Grammatical sketch and specimens of the Berber language; preceeded by four letters on Berber etymologies; adressed to the president of*

*the philosophical society (P. Dupohceau, Esq.)
by William R. Hodgson, Esquire.* 1831. In-4°.
M. Hodgson, consul d'Amérique à Alger dans
les dernières années qui précédèrent la conquête
de ce pays par les Français, avec la connaissance qu'il avait de mes écrits, tira tout le parti
possible de sa position pour se familiariser davantage avec les tribus et la langue des Berbers. Par bonheur, un jeune Cabyle, sachant
outre sa langue maternelle, celle des Berbers et
l'arabe, entra à son service et lui fut d'un grand
secours dans ses recherches. M. Hodgson, en
s'instruisant dans la langue des Berbers, consulta son Cabyle et profita des avis qu'il recueillit dans les sociétés des Berbers à Alger.

Comme ses discours ont été insérés en entier
dans les *Transactions of the philosophical Society*, vol. IV, *new series*, je me borne à en tirer
les observations suivantes :

On comprend, comme l'on sait, sous la dénomination générale des Berbers, les tribus indigènes de l'Afrique Nord, de l'ancienne Libye,
tribus qu'il ne faut pas confondre avec celle
des Arabes ou Maures. Il est donc bien important, pour les connaissances ethnographiques et
philologiques, d'étudier l'affinité et le caractère de ces peuples, ainsi que leur genre de vie
et leur langue. Quant aux mœurs des Berbers,

plusieurs voyayeurs modernes nous en avaient déja donné quelques notions plus ou moins complètes; mais, quant à leur langue, aucun d'entre eux n'avait eu le courage de s'en occuper. M. Hodgson le premier s'appliqua à expliquer quelques anciens noms de villes, de montagnes et de fleuves, et même de divinités, à l'aide de la langue des Berbers, comme, par exemple, les noms d'Atlas, de Tunis, d'Augela, d'Ampsaga, du Nil, d'Ammon, etc., et il en donne des interprétations qui s'accordent quelquefois, mais qui ne sont pas toujours exactes. On conçoit, du reste, que les étymologies de noms qui n'ont pas encore été fixées par des écrits, mais seulement recueillis de la bouche de quelques naturels du pays, ne peuvent être que fort incertaines. C'est ainsi que les Berbers nomment l'Atlas Adhraes, Adrás, Edrarin, Adderim, ce qui rappelle le Dyrin, cité par Strabon; Ampsaga, une forêt; Augela, la fertilité, l'aisance; Ammon, l'eau ou un fleuve.

M. Hodgson chercha, en outre, à s'assurer jusqu'où la langue des Berbers s'était répandue. On range au nombre de ces peuplades les Mozabis, tribu blanche qui occupe une oasis à trois cents milles anglais au Sud d'Alger; les Bisharies, dont les habitations s'étendent au Sud-Est jusqu'au golfe Arabique; les Wadregans et les

Wurgelans, des tribus noires; les Cabyles, ou habitants des montagnes. Voilà, du reste, comment s'exprime M. Hodgson :.

« *Their dialects are identically the same, presenting only modifications of the great language of the Atlas; such as are in all countries produced by habitudes and climate. —I have conversed with the inhabitants of Dra, Tafilet, Tuat, Tegaza, Wurghela, Ghadamer, Djerbi, Gharian, and have found the Berber language identically the same in all these places.* ».

La langue des Berbers est donc parlée parmi les peuples africains, depuis le golfe Arabique jusqu'à Maroc, tant sur le côté méridional du mont Atlas qu'au milieu des tribus du désert.

Mais les Tibbos (les Éthiopiens troglodytes d'Hérodote), qui appartiennent déja à la race des nègres, forment une tribu bien distincte quant à leur extérieur (1). Les Tuariks, au contraire, sont considérés comme une branche principale des Berbers; leurs demeures se prolongent depuis le Fezzan jusqu'à Bilma et Bornou; au Sud, jusqu'à Haussa et jusqu'à d'autres états nègres; à l'Ouest, jusqu'à Tuat; au Nord, elles ne passent pas Murzuk et Gadamer. Ce peuple,

---

(1) *Grammatical Sketch*, etc., by HODGSON, p. 28.

sur lequel M. Hodgson nous a donné plusieurs renseignements nouveaux très-curieux, est aussi blanc, mène une vie nomade, se livre au commerce et surtout à la traite des nègres; car ce sont les Tuariks qui garnissent d'esclaves les marchés de Murzuk. Leurs caravanes font le commerce avec le Fezzan et Soudan.

Le nom de *Tuarik* signifie en langue berber *tribus*. Le singulier est Terga, qui fait au pluriel Tuerga, qu'on prononce Tuareg. Il répond au mot arabe Cabyle ou Cabail, comme on les appelle dans les régions du mont Atlas.

M. Hodgson rapporte qu'ensuite le nom de Berber, qui fait au pluriel Beraber, est reconnu généralement comme le nom générique des peuples indigènes de l'Afrique septentrionale. Voilà ce qu'il dit à cet égard :

« *I have conversed with the natives of Marocco and of Tripoli, and every where the earlier Africans call themselves Beraber.* »

Si l'on ne veut pas admettre que la langue parlée par les Africains du Nord soit l'ancienne langue libyenne, on se demande avec raison comment celle-ci se serait éteinte. M. Hodgson partage sous ce rapport mon opinion, et, comme il s'appuie en différentes occasions sur mes recherches relatives aux peuples de l'Afrique ancienne, j'ai éprouvé une certaine satisfaction.

à apprendre qu'il regarde mes études comme exactes et fondées (1).

Il nous reste à parler du dernier chapitre de son ouvrage qui traite de la grammaire de la langue berber : *A grammatical sketch of the Berber language.*

C'est, comme nous l'avons dit, le premier essai en ce genre, car les devanciers d'Hodgson n'avaient présenté que quelques échantillons de mots isolés, et cela d'une langue qui n'a pas d'écriture à elle. L'alphabet dont on fait usage est celui des Arabes, mais on en a exclu quelques lettres et ajouté cinq autres.

L'article est *Ees*, comme, par exemple : *Ees khamsa*, les cinq. Dans la déclinaison le pluriel est formé par l'addition de la syllabe *an*, comme : *Argaz*, un homme; *Ergazan*, les hommes. Les cas ne prennent pas de désinences, mais sont déterminés par des préfixes. La langue berber n'a pas de duel. Les pronoms personnels servent à distinguer les genres : *Nekkee*, moi, marque le masculin, *khetohee*, le féminin; *khetohee*, toi, désigne le masculin, et *kemmee* le féminin.

Dans les verbes l'impératif est la racine dont on fait dériver les autres modes et temps.

---

(1) Voyez HODGSON, etc, p. 30, 36.

-Dans la conjugaison on distingue le masculin et le féminin. Exemples :

Masculin : *Nekkee adhsenlagh*, je parle.

Féminin : *Nekkeenih adhsenlagh.*

M. Hodges nous communique des modèles de conjugaisons et nous offre à la fin des échantillons de la poésie Berber. Elle observe rigoureusement le rhythme et le mètre, et connaît aussi la rime. Je crois que les philologues ne seront pas fâchés de trouver ici un échantillon poétique d'une langue aussi répandue, dont jusqu'alors quelques mots seuls nous avaient été rapportés par les derniers voyageurs.

C'est un air que chantent les femmes, lorsque leurs maris vont en bandes à Alger pour y gagner quelque chose par leur travail.

SONG.

A widden dhedhesents adhich aminsee
Egan gare sanoee.
A hath kildjennan aghkadem latseman
Aghrom dhemasas, ishtok eghaman
Athemclewin, hoozzimts thefrewin
Abreed elhamma, limbeth ghoorewin
Shiagh adhleel arnegh oola adhlaoonais
Aghra lezair anidha ekhadem elkais
Ai, Sidi Yahaja! abad netsa booth
Afoojagh adhnoob. argaz thamattooth.

wish to go with them to partake of the
Aminsee (1)
To enjoy with him the pleasures of love.
He is working in the garden, earning the
tseman (2),
Eating saltless bread, and longing for his home.
Dove! Speed thy wings in flight,
Speed to El-hamma (3), there pass the night :
Bear my ear-ring, and even my neklace
To Algiers, where the good man is working.
Oh, Sidi Yahaja (4)! thou blessed father,
Pardon the sins of the man and his wife!

Voilà des traits de poésie qui n'ont pas besoin de commentaire : le pain sans sel comme signe de pauvreté, dans un pays où le sel est regardé comme la chose la plus précieuse, c'est là une peinture vraiment nationale!

---

(1) *Aminsee*, souper des Cabyles.
(2) *Tseman*, petite monnaie.
(3) *Ei-hamma*, place près d'Alger.
(4) *Sidi Yahaja*, un marabout ou saint.

APPENDICE II.

DE LA COLONISATION DE L'ÉGYPTE ET DE LA NUBIE, ET DE SES RÉSULTATS POLITIQUES POUR L'EUROPE (1).

Les colonies des puissances européennes sont l'ouvrage du temps plutôt que l'effet d'un plan arrêté. Leur histoire, considérée en elle-même, ne nous offre en grande partie qu'un spectacle af-

---

(1) Ce mémoire, écrit en 1803 (qu'on trouve dans le tome II des *OEuvres historiques* de M. Heeren), ne parlait que de la colonisation de l'Égypte. M. Heeren a bien voulu le compléter et y joindre un article supplémentaire sur la Nubie. Nous avons cru que nos lecteurs verraient avec plaisir que les idées émises par l'auteur, pour la première fois, il y a trente ans, se trouvent aujourd'hui confirmées en tout point par l'expérience.

(*Note du traducteur.*)

fligeant, où l'avidité, l'injustice et la tyrannie rivalisent entre elles. Cependant les avantages immenses obtenus par la civilisation de divers pays sont trop sensibles pour qu'on puisse nier qu'ils ne surpassent les maux dont ils ont été accompagnés. Les colonies, par leur importance commerciale pour l'Europe, devinrent la source des richesses et de la prospérité des états et des particuliers, et influèrent de la manière la plus bienfaisante sur toute la société, en étendant le cercle des connaissances utiles. C'est à elles que nous devons les progrès faits en géographie, en ethnographie et en histoire naturelle, ainsi que le haut degré de perfection à laquelle la navigation est parvenue de nos jours. Ces résultats brillants ne doivent cependant pas nous aveugler sur les maux que les colonies ont causés et causeront toujours.

Je ne m'arrêterai point à la traite des nègres, fléau de l'humanité, qui se présente sans doute la première à l'esprit de mes lecteurs; mais j'essaierai de peindre les suites funestes que ces établissements amenèrent dans les relations mutuelles des états.

Ce furent surtout les colonies qui fixèrent la politique commerciale des puissances européennes, du moins des puissances maritimes. Que la métropole eût pris part ou non à la fondation

d'une colonie, elle ne la regarde pas moins,
suivant le principe qui était venu à s'établir,
comme une propriété consacrée à son utilité.
Mais comme les pays dépourvus de mines n'of-
-frent d'autres avantages directs que ceux qui
résultent d'un commerce mutuel, la métropole,
en s'en emparant exclusivement, l'entravait souvent de la manière la plus absurde; et même si
elle l'avait pu, elle aurait fermé à tous les autres
peuples les mers où étaient situées ses colonies,
comme les Espagnols en firent le malheureux
essai.

Il me faudrait écrire un traité particulier pour
montrer quelle influence fatale cette politique
égoïste exerça sur les colonies. Car on sent bien
que ces mesures tyranniques devaient nécessairement arrêter ou bien empêcher leur accroissement, d'ailleurs toujours le but secondaire de la
métropole, s'il ne lui était pas même contraire.

Je suis porté à croire que l'examen approfondi
de ce sujet nous conduirait encore à d'autres résultats fort importants, en nous montrant que
la plupart des maux attachés au système colonial proviennent de la répression du commerce.
C'est ainsi que l'esclavage ne pourra guère être
aboli dans des colonies régies par cette politique
désastreuse, sans entraîner la ruine de ces établissements mêmes. Mais il est peut-être réservé à

la Louisiane affranchie de prouver à l'univers que partout où les produits trouvent un libre débit, le sucre, le café et le coton peuvent être cultivés avec le même succès par des hommes libres que par des esclaves. Le maintien de ce monopole du commerce dans les colonies donna naturel-lement lieu à une certaine méfiance et rivalité entre les diverses métropoles; et l'histoire du dernier siècle ne prouve que trop combien cette rivalité réagit sur le système politique de l'Europe en faisant naître des différends et des guerres entre les états.

Plus un peuple tenait au maintien de son mo-nopole de commerce, plus il provoquait le tra-fic de contrebande dont les bénéfices croissaient dans la même proportion. Cependant, en voyant fleurir la Hollande, les états de l'Europe occi-dentale sentirent le besoin de fonder leur puis-sance sur le commerce universel, et cherchèrent par conséquent à étendre leurs colonies et le débit de leurs produits. C'est ainsi que les intérêts mercantile et politique se confondirent de plus en plus.

Mais ce qui contribua surtout à amener ce ré-sultat, ce fut la position géographique des colonies. Par un enchaînement de circonstances fortuites, l'attention générale avait été portée de préférence sur quelques groupes d'îles parmi lesquelles les

Moluques et les Antilles méritent la première place.

Les Moluques, îles d'épices, étaient toujours gardées par leurs possesseurs, comme l'étaient autrefois les jardins des Hespérides par les dragons, pour que ces productions ne fussent pas transplantées dans d'autres endroits (ce qui du reste n'a pas pu être empêché à la longue).

Les Antilles n'ayant presque pas de productions indigènes servaient pour ainsi dire de serres chaudes aux productions de l'Afrique et de l'Asie, telles que le sucre et le café, que cultivaient des hommes importés des autres continents.

Les Espagnols, les premiers conquérants de ces îles, auraient bien voulu y maintenir, comme dans toute l'Amérique, leurs droits de propriété exclusive, mais insensiblement d'autres nations européennes vinrent s'établir dans ces contrées ainsi que sur les côtes de la terre ferme de l'Inde occidentale. Mais l'agglomération de plusieurs colonies de divers états sur le même point, peut être regardée comme un des plus grands maux qui aient jamais pesé sur le système politique de l'Europe.

L'expérience, déja confirmée par l'histoire ancienne, nous apprend que des peuples fondateurs de colonies ne s'accordent jamais comme voisins : combien cette mauvaise intelligence ne dut-elle pas augmenter dans les temps modernes où, avec l'extension du commerce et une rivalité croissante, tous les intérêts se sentaient plus froissés !

Les faits parlent. Nous n'avons donc pas besoin de nous y arrêter plus long-temps. Aussi tous les traités de paix entre les états commerçants n'étaient et ne pouvaient être que des armistices ; et dans l'absence d'un autre mal, c'est-à-dire qu'une seule puissance devînt la maîtresse de toutes les colonies, ou du moins d'un assez grand nombre d'entre elles pour que les autres n'excitassent plus la jalousie, il y avait à peine la possibilité d'arriver à une solution heureuse.

L'affranchissement des colonies par leurs propres ressources semblait devoir en frayer la voie. Mais il n'était guère probable que l'exemple donné par les provinces septentrionales de l'Amérique pût facilement être imité par les autres. Les premières étant consacrées à l'agriculture, les colons y constituaient une nation vraiment indigène. Ceci n'eut jamais lieu dans les colonies des Indes orientales, et n'arriva jusqu'ici que bien plus rarement dans les propriétés d'Espagne et de Portugal, sur le continent américain. Il fallait des événements imprévus et placés hors du cercle des choses probables pour faire briser le joug à ces derniers peuples, et pour donner naissance à une république des nègres aux Antilles.

Un autre moyen de sortir de ces embarras serait qu'un peuple puissant jetât ses regards sur un district également propre à cultiver les mêmes produits que dans ses anciennes colonies, mais cependant éloigné d'elles par sa position géographique. Ainsi, sans abandonner ni négliger les anciennes possessions, cette nouvelle colonie partagerait néanmoins l'attention, et diminuerait le froissement des intérêts mutuels.

L'institution singulière du système colonial des Européens, qui fit choisir pour ces plantations des îles dans l'autre hémisphère, lorsqu'on avait bien plus près de soi des districts aussi convenables, rend un tel changement, sinon probable à l'heure même, du moins praticable par la suite. Les côtes de l'Afrique, où le sucre, le coton et peut-être aussi le café viennent sans culture, où se trouve la race d'hommes qu'on emploie à cultiver ces productions dans l'Inde occidentale, et où la traite des nègres, établie depuis grand nombre de siècles, offre des esclaves, si ces plantations en exigent, se présentaient naturellement d'elles-mêmes à cet usage.

Il fut réservé à notre siècle, époque où l'on

ne vit jamais mieux marcher de front la sagesse
et la folie, la grandeur et la bassesse, de réa-
liser cette idée. La colonisation de l'Égypte par
un peuple européen civilisé aurait, en cas de
succès, amené, sous ce rapport seul, les résultats les plus heureux. Mais elle ne dut pas réus-
sir. Cependant l'histoire nous démontre qu'une
grande idée politique mise au jour de cette manière ne meurt jamais, et qu'il ne faut qu'un
changement dans les relations politiques pour
en tenter de nouveau l'exécution.

Nous ne préjugerons en rien cette question;
mais il y en a deux autres que nous chercherons
à résoudre d'une manière générale, savoir :

1° Quel résultat la colonisation de l'Égypte
aurait-elle pour le système colonial de l'Europe?

2° Quel état aurait le plus d'intérêt à la colonisation ou même à la possession de l'Égypte?

C'est à quoi nous nous bornerons dans la recherche suivante, sans nous attacher à des considérations politiques particulières, telles qu'en
pourrait offrir l'état actuel de l'Europe.

Pour parvenir à savoir si l'Égypte, par sa position et son climat, est propre à servir de colonie européenne, il faut d'abord déterminer
de quelle nature cette colonie doit être.

La partie fertile de l'Égypte fut de tout temps
riche en blé, ét, lors de sa splendeur, elle pour-

vut plusieurs de ses voisins de ce premier besoin de la vie. S'il s'agissait donc de l'état florissant de l'Égypte elle-même, ses habitants cultiveraient de préférence le blé, qui leur assure un débit certain aux marchés voisins. La plupart des pays limitrophes, et communément presque toute l'Arabie, ne se prêtent du moins que fort peu à l'agriculture. La communication établie entre l'Égypte et le golfe Arabique par un canal qui y était conduit par le bras oriental du Nil, paraît avoir eu principalement pour but de faciliter le transport du blé dans ces pays. Qui ne se rappelle que, sous la domination romaine, l'Égypte fut un des premiers greniers de la ville de Rome?

Mais il ne s'agit pas ici d'une colonie spécialement affectée à la culture du blé, car autrement elle resterait dénuée d'influence sur les autres établissements qui portent aujourd'hui ce nom, et qui cultivent les productions des pays tropiques, comme le sucre, le café, le coton. Ce n'est que de cette manière que l'Égypte pourrait jouer un rôle actif et utile dans le commerce et la politique de l'Europe.

Pour être en état de juger jusqu'à quel point l'Égypte se prête à une telle combinaison, il faut d'abord avoir une connaissance plus exacte du climat de ce pays et de la nature de son sol.

Aussi c'est cette connaissance qui servira de base à notre recherche.

L'Égypte, située entre le 23° 1/2 et le 31° latitude Nord, appartient encore à la zone tempérée; mais la proximité du tropique septentrional, qu'elle touche presque au Sud, fait surtout de la Haute-Égypte un pays très-chaud et presque généralement très-sec ; cependant l'opinion accréditée qu'il ne pleut jamais dans ces régions ne s'applique qu'à sa partie supérieure, mais non à sa partie inférieure. Ce qui distingue essentiellement l'Égypte des autres pays situés entre les tropiques, c'est qu'elle ne connaît pas de changement de saisons, un temps sec et un temps de pluie. L'arrosement et la fertilité dépendent ici des inondations périodiques du Nil, qui commencent au mois de juin et durent jusque vers la fin d'octobre (1).

Aux mois d'avril et de mai, époque où le Nil déborde, la récolte de blé est faite. Car les mois d'été, qui sont à la vérité aussi les plus chauds de l'Égypte, ne forment pas la saison de crois-

-----

(1) Le Nil commence à grandir au mois de juin ; aux mois d'août et de septembre il a inondé les plaines voisines; à dater de ce moment ses eaux baissent jusqu'aux mois d'octobre et de septembre, où il rentre dans son lit.

sance et de végétation, qui tombe au contraire dans nos mois d'hiver et de printemps, car le froid et la gelée y sont inconnus; et le sol formé par le Nil offre, sous l'influence d'un climat tempéré, la plus riche végétation. C'est au mois de janvier que les plaines de l'Égypte brillent du plus vif éclat, tandis que la chaleur brûlante d'été fend la terre et sèche les plantes. Cependant, malgré cette chaleur qui monte en Égypte, et surtout dans sa partie supérieure, au même degré que dans les pays tropiques, son climat est très-sain, et on n'y connaît pas la chaleur humide qui, dans l'Inde occidentale et dans la Batavie, enlève en peu de temps la plus grande partie des Européens qui n'ont pu s'y acclimater. A l'exception des ophthalmies, assez fréquentes en Égypte, on n'y trouve presque pas de maladie endémique, et la peste ne s'y établit que lorsqu'elle est importée du dehors.

Il nous reste à examiner une autre condition également importante à la colonisation de l'Égypte, c'est-à-dire la nature du sol. Il n'y a qu'une seule partie de cette contrée qui soit fertile, et encore cette partie se divise-t-elle en deux branches, la vallée du Nil et le Delta. Ces points étant les seuls que le Nil arrose, sont aussi les seuls fertiles. Le Nil, en entrant en Égypte, dirige son cours jusqu'au Caire par

une vallée étroite, enclavée de deux côtés par
des chaînes de montagnes qui, du côté de l'Est,
couvrent le pays jusqu'au golfe Arabique, et,
du côté de l'Ouest, touchent le grand désert
sablonneux de l'Afrique. Cette vallée, qui a cent
soixante-dix lieues de longueur, est néanmoins
si étroite, qu'en naviguant sur le fleuve, les
deux chaînes ne se perdent jamais de vue. Elle
n'a nulle part plus de cinq lieues de largeur,
et, dans quelques endroits, n'en a pas même
une lieue. Toute végétation cesse au-delà de
ses limites.

Cet aspect change au-dessous du Caire, où
vient aboutir la chaîne orientale des montagnes,
tandis que la chaîne occidentale avance jusque
dans le cœur de l'Afrique. La partie inférieure
du pays forme donc une plaine immense et
entrecoupée de plusieurs branches du Nil, qui
commence à se diviser en cet endroit. La
bande de terre englobée entre les deux principales branches du fleuve, Rosette et Damiette,
a conservé son ancien nom de Delta, nom
qui lui a été donné à cause de sa forme trian-
gulaire. Elle a environ trente-trois lieues de
longueur, et vingt-cinq dans sa plus grande
largeur, le long de la mer. Arrosée par le
Nil, elle forme la seconde partie fertile du

pays; mais elle est enfermée des deux côtés par des déserts.

Une colonisation en Égypte ne peut donc s'effectuer que dans la vallée de Nil et dans le Delta; mais il faut encore défalquer plusieurs districts considérables couverts de sables; au pied de la chaîne de montagnes occidentale une bande de terrain inculte et stérile s'étend sur la largeur d'une jusqu'à deux lieues. Il en résulte que la partie fertile du pays est très-restreinte: mais celle-ci est néanmoins encore plus que suffisante pour faire de l'Égypte une des plus grandes colonies; car l'étendue du Delta à lui seul répond presque à celle de l'ancienne part de la France sur l'île de Saint-Domingue. Aussi l'état qui viendrait un jour à posséder le Delta, se trouverait amplement récompensé de ses sacrifices s'il pouvait y créer quelque chose de semblable.

Si l'on parle du sol fertile de l'Égypte, il faut distinguer deux espèces essentiellement différentes l'une de l'autre quant aux productions qu'on peut en tirer. Cette différence ne repose pas sur la nature du sol, composé partout d'un gras limon, mais bien sur la manière dont les terres sont et peuvent être arrosées. Car c'est une opinion erronée de se figurer toute la vallée du Nil, ou même les parties seulement qui avoisinent le plus les bords de ce fleuve, inondées lors de son débordement.

Au contraire, les alluvions du Nil ont tellement haussé une grande portion du sol, qu'elle n'est plus exposée à ces inondations, ou du moins ne l'est que faiblement. Les Français (1) ont même observé que le sol de la vallée placé entre le Nil et les chaînes de montagnes, s'abaisse plutôt qu'il ne s'élève; il s'ensuit que lors du débordement, les environs plus reculés se trouvent être inondés plus tôt et davantage qu'une grande partie de ceux qui avoisinent le Nil.

Ceci donne lieu à la double nature du sol : la partie inférieure, exposée régulièrement aux inondations du fleuve, et la partie supérieure qui ne l'est pas du tout, ou seulement lorsque l'eau monte plus haut. Mais l'art vient suppléer à la nature. L'irrigation s'opère avec succès sur ces parties dépourvues d'eau à l'aide de nombreuses machines fort simples, et de canaux qui se divisent en plusieurs petits ruisseaux au moyen de digues qui arrêtent d'abord l'eau quelque temps, et la conduisent ensuite dans les canaux par des ouvertures pratiquées dans les digues.

-----

(1) *Mémoires sur l'Égypte*, t. **IV**, p. 9 et suiv.

La partie supérieure de la vallée diffère donc de la partie inférieure en ce point qu'il est au pouvoir de l'homme de fixer pour l'une le degré d'irrigation, tandis que pour l'autre, ce pouvoir est entièrement abandonné à la nature. On conçoit que l'art mieux dirigé parviendrait encore, en s'attachant surtout à faire obtenir d'autres résultats, à maîtriser et dompter le Nil. Mais quelque grands que seraient les progrès, la différence du sol n'en existerait pas moins. Une chose bien curieuse et instructive à la fois, serait d'indiquer exactement le rapport qu'il y a actuellement entre ces deux espèces de sol; mais à cet égard je n'ai pu trouver nulle part des éclaircissements certains, qui d'ailleurs sont soumis à la connaissance et à l'exploration de tout le pays.

On voit au premier abord que de la différence du sol naît, quant aux moyens de le cultiver, un des résultats les plus importants. Sur le sol exposé aux inondations périodiques du Nil, il ne vient que les plantes qui peuvent mûrir pendant les huit mois d'intervalle entre l'inondation d'une année à l'autre. Toutes les autres plantes, au contraire, qui demandent plus de temps à mûrir, ne sauraient être cultivées que dans les contrées où il est au pouvoir de l'homme d'arroser autant et aussi souvent qu'il lui convient. Nous rangerons dans la première catégorie toutes les sortes de blé qu'on cultive en Égypte, telles que le froment, l'orge, le riz, ainsi que le lin et plusieurs espèces de légumes. Le blé germe, croît et mûrit ordinairement en moins de cinq mois, de manière que s'il est semé au mois de décembre, il peut être récolté en avril ou au plus tard au mois de mai. Le riz demandant à être arrosé régulièrement et avec mesure, ne peut être cultivé avec succès que dans l'Égypte inférieure, dans les plaines du Delta situées près de la mer, où les inondations sont si modérées, que l'eau ne toucherait encore que la tige de cette plante (1).

Mais toutes les productions que nous désignons de préférence par le nom de coloniales, appartiennent presque toutes à la seconde classe, d'où il résulte que la partie de l'Égypte pourrait seule être colonisée, dont le sol s'arrose selon les besoins des colons. Nous compterons parmi les productions, avant tout, le sucre, le café, le coton, l'indigo et quelques autres articles moins importants.

Parmi ces denrées, le sucre occuperait sans contredit le premier rang ; car la canne à sucre est indigène dans ce pays ; et ce n'est qu'à la mauvaise administration de l'Égypte et au des-

---

(1) *Mémoires sur l'Égypte*, t. IV, p. 63.

potisme qu'il faut imputer la faute s'il a été si
peu cultivé.

Aujourd'hui qu'on attache à la culture du
sucre plus de prix dans l'Égypte supérieure, et
surtout dans les districts de Girgé, d'Achmin et
de Siout, on y procède de la manière suivante :
après avoir fait labourer la terre, on y tire des
sillons parallèles où l'on plante les cannes fraî-
chement coupées vers le milieu d'avril : c'est
alors que commence l'arrosement régulier, que
l'on continue jusqu'au moment de la récolte.

Actuellement une grande quantité de cannes à
sucre ne s'emploie pas à la fabrication, mais est
portée brute sur les marchés d'Égypte. La canne
employée à cet usage peut être coupée au mois
d'octobre, tandis que celle qu'on emploie à la
fabrication du sucre ne peut l'être qu'au mois de
janvier ou au commencement de février. Les
tiges taillées que l'on n'arrache pas repoussent
et leurs rejetons servent à renouveler la plantation de la troisième année : car les mêmes
plantes ne produisent ordinairement que deux
ans; mais il est à remarquer que la récolte de
la seconde année est plus abondante que la première.

La canne à sucre vient en Égypte dans l'espace
de neuf à dix mois; ainsi beaucoup plus vite que

dans l'Inde occidentale (1), où elle met douze à quatorze mois à venir.

Ces données démontrent que le sucre ne peut être cultivé avec chance de succès que dans le pays où l'arrosement dépend des hommes. L'inondation du sol ne détruit pas les cannes, mais cela ne manque pas d'arriver lorsque l'eau passe une certaine hauteur, de manière à atteindre le bourgeon de la plante. L'époque de sa croissance tombe, comme nous l'avons dit, dans les mois des débordements ; elle ne peut donc pas être cultivée comme le blé dans l'intervalle de l'inondation d'une année à l'autre. La culture de la canne ne se borne pas du reste aux provinces que nous avons mentionnées, mais elle est au contraire répandue dans toute l'Égypte. Cependant sa croissance n'est pas partout la même ; au Sud de Benisuef, où on l'emploie seule à la fabrication, elle atteint six pieds de haut, tandis qu'au Nord de cet endroit elle monte rarement au-dessus de trois pieds, et n'arrive souvent pas même jusqu'à deux dans la Basse-Égypte, près de Rosette (2).

Un autre produit colonial important est le

----

(1) Olivier, *Voyage dans l'empire ottoman*, II, p. 172.
(2) *Mémoires sur l'Égypte*, t. IV, p. 58.

café. L'arbuste qui porte cette fève est indigène dans l'Arabie, mais non en Égypte, et il est fort incertain qu'il y réussisse. Ces plantations ne sauraient être établies que dans les pays montagneux de la Haute-Égypte, sur la lisière de la vallée du Nil; mais l'absence complète de rivières et de pluies me fait douter que le succès réponde à cette entreprise.

Il en est autrement de l'Arabie, où le café vient dans la partie la plus méridionale, le Yémen, autrement dit l'Arabie-Heureuse; mais aussi ce pays, situé entre le 12° et 13° de latitude Nord, a une saison régulière de pluie, qui manque à l'Égypte. Cependant, lors même que ce dernier pays ne serait pas propre à la culture du café, il pourrait toutefois devenir un des principaux marchés de cette branche de commerce, comme j'aurai occasion de le montrer plus tard.

Un autre produit remarquable est le coton. L'arbuste de cette plante (*gossypium arborescens* L.), indigène en Égypte comme la canne à sucre, vient surtout dans la Haute-Égypte, et de préférence dans la province de Thèbes. On sème le coton au mois de mars ou au mois de juillet. Le champ, après avoir été labouré avec soin (1),

---

(1) *Mémoires sur l'Égypte*, t. III, p. 65 et suiv.

17.

est divisé en plusieurs carrés. On ne plante les cotonniers que sur les bords ; et on cultive la première année des légumes dans le milieu. La seconde année, l'arbuste prend une telle extension qu'il reste seul maître du champ. La troi-sième année, arrivé à son dernier degré de développement, il commence peu à peu à s'étendre, et au bout de dix ans il faut renouveler la plantation. Si l'arbuste a été planté au mois de mars, la récolte peut se faire au mois de juillet; mais si au contraire on ne l'a planté qu'en été, il faut attendre jusqu'au printemps suivant. La récolte dure trois mois, et se fait par des femmes et des enfants, qui ramassent tous les jours les capsules les plus mûres, qu'on sèche ensuite au soleil et qu'on détache de leurs pepins. Cet arbuste exige aussi, à l'excéption des quatre mois d'hiver, un arrosement régulier; mais il ne serait guère en état de supporter des inondations.

Enfin, un autre produit colonial de l'Égypte est l'indigo (*indigofera tinctoria L.*). Cette plante précieuse ne peut être cultivée que par des propriétaires riches, à cause des dépenses considérables qu'exige sa culture. Après avoir labouré le champ de la même manière que pour le coton, on creuse des trous de quatre pouces de profondeur, et l'on y enfonce, au milieu de juin, les

pepins de la plante qu'on arrose continuellement
jusqu'à la première coupe, qui tombe dans les
premiers jours de septembre. Quarante jours
après on en fait une seconde, et au bout du
même laps de temps une troisième. La seconde est
considérée comme la plus productive. Les mêmes
plantes durent depuis trois jusqu'à quatre ans,
mais leur produit diminue tous les ans, de sorte
que celui de la dernière année ne donne que le
quart de la coupe de la première année. La culture de l'indigo en Égypte se borne actuellement
aux provinces de Girgé et de Thèbes (1).

Je ne m'occuperai pas des autres productions
moins importantes; car celles dont je viens de
parler montrent clairement que l'Égypte, par la
nature de son sol et de son climat, est propre à
servir de pays colonial; car en offrant les mêmes
avantages que les autres colonies, elle est affranchie des maux qui résultent d'un climat
malsain.

Mais il reste un autre point intéressant à examiner, c'est de savoir si des colons trouveraient
en Égypte un nombre suffisant de laboureurs,
et à un prix assez raisonnable. Pour répondre
à cette question, il faudrait avant tout déter-

---

(1) *Mémoires sur l'Égypte*, l. c.

miner si les plantations seraient cultivées par des esclaves, ou pourraient l'être avec les mêmes avantages par des hommes libres. La solution de cette question demeure réservée à l'expérience. Aussi, sans me prononcer pour l'une ou l'autre de ces deux opinions, je les admets toutes deux comme possibles.

Si dans les plantations on compte employer des esclaves, il est certain qu'on n'en manquerait pas en Égypte; car les principales villes de ce pays en fourniraient toujours un grand nombre dans les marchés; et quand même on n'en aurait pas assez les premières années, il en viendrait bientôt un renfort de toutes parts de l'Afrique : il n'y a aucune raison qui nous permette de douter que cette horrible branche d'industrie ne fleurisse promptement : du reste, l'Égypte n'a jamais manqué d'esclaves, même dans les temps où elle jetait le plus d'éclat. — Quelque juste que soit la prévention qu'on ait contre la traite des nègres, il faut néanmoins convenir qu'elle perdrait beaucoup de sa barbarie dans un pays moins étranger aux esclaves, et d'où l'espoir du retour dans leur patrie ne leur est pas ravi à jamais; d'ailleurs, les cruautés et les horreurs dont le transport des malheureux nègres au-delà de l'Océan retrace tant d'exemples, ne viendraient pas ici affliger l'humanité !

Mais si l'on préfère se servir d'hommes libres
(et il est à présumer qu'aujourd'hui où l'on tend
à abolir partout la traite des nègres, on ne
l'encouragerait pas en Égypte), on y trouverait
assez de bras oisifs propres à ce travail.

Une quantité prodigieuse des naturels du pays,
et surtout les habitants de la Haute-Égypte, ont
été réduits, par les vexations et la tyrannie du
gouvernement turc, à chercher un refuge dans
les grottes et les tombeaux élevés jadis par leurs
ancêtres, où le local et leur pauvreté les garantissent de toute poursuite.

Ce qu'un gouverneur sensé aurait de mieux à
faire, ce serait d'accoutumer ces malheureux au
travail, en leur assurant leur existence et en
s'occupant de leur éducation. Je crois inutile de
m'appesantir sur ce sujet, qui reste entièrement
abandonné à l'expérience; mais ce qui paraît
probable, d'après les indications que nous venons de donner, c'est qu'avec des fonds nécessaires, on ne manquerait pas de bras pour faire
valoir les plantations.

Mais nul pays ne pourrait moins manquer de
ces fonds que l'Égypte; car, sans compter ceux
des colons européens, l'Orient lui-même en offrirait abondamment : dès que la propriété se
trouverait garantie en Égypte, ce qui jusqu'à
présent n'a lieu dans aucun pays de l'Orient, les

propriétaires des alentours viendraient certainement s'y établir.

En résumant ces recherches, nous arrivons, à ce qu'il me semble, aux résultats suivants :

1° Si l'on ne peut contester que l'Égypte ne soit propre à être colonisée, il faut cependant avouer que cela ne s'applique pas à tout le pays, ce qui le distingue essentiellement des colonies de l'Inde occidentale ; car peut-être plus de la moitié de son terrain le plus fertile est entièrement exposée à l'inondation du Nil, et ne convient pas à la culture des productions coloniales, mais se prête parfaitement à celle du blé et du riz. L'Égypte resterait donc en même temps, comme colonie, un pays de blé.

2° Il en résulterait nécessairement plusieurs avantages importants. On ne vit nulle part si facilement et à si bon marché qu'en Égypte ; dans une colonie qui produirait donc à la fois les objets de luxe et ceux de première nécessité, l'entretien des laboureurs serait naturellement moins coûteux. En outre, l'Égypte étant mieux cultivée, l'abondance des grains offrirait encore un autre avantage. Nous avons fait observer plus haut qu'on ne peut guère espérer que le café réussisse en Égypte, tandis qu'il vient au mieux dans le Yémen ou l'Arabie-Heureuse, pays voisin, qui n'en est séparé que par un golfe étroit, et qui en tire déjà à présent le blé qu'il lui faut pour sa consommation, et le paie en partie avec son café. De quels avantages le commerce d'échange, si heureusement préparé par la nature entre deux pays limitrophes, ne serait-il pas suivi, si une sage administration savait lui donner toute l'extension dont il est susceptible?

3° On sent que la Haute-Égypte, considérée comme colonie, mérite le plus d'attention, si elle ne l'absorbe pas en entier ; il s'ensuit qu'une puissance qui voudrait la coloniser, devrait être en possession de tout le pays. C'est dans la Haute-Égypte que viennent les produits qu'on cultive de préférence dans les colonies. D'ailleurs, la chaleur de son climat égale ou surpasse même celle des pays tropiques, et son sol réunit par conséquent les qualités exigées pour la culture des productions coloniales. Plus on avance dans ce pays, plus le sol s'élève au-dessus de la surface du Nil, de sorte qu'au-delà d'Esne, il n'y a presque plus de district exposé à l'inondation naturelle de ce fleuve. On ne trouve dans la vallée du Nil, depuis Siout, 27 degrés de latitude Nord, jusqu'à Assuan, ville frontière de l'Égypte, que peu de districts qui soient submergés directement par les eaux de ce fleuve ; mais ils le sont au moyen de canaux, dans lesquels les eaux sont arrêtées à une certaine distance de leur introduction par des digues. Le terrain entre ces digues et le dé-sert reste quelque temps couvert d'eau, qu'on fait découler ensuite par un canal moins élevé, et qu'on conduit à une autre digue, pour arroser les terres voisines, et ainsi de suite, jusqu'au terme fixé pour l'inondation. C'est donc la Haute-Égypte de préférence qui contient les pays où l'on a recours à l'art pour les arroser. Joignez à cela que cette contrée n'est pas exposée aux tempêtes qui pourraient devenir si fatales aux plantations de la Basse-Égypte.

4° Le sucre occuperait en Égypte, autant qu'on en peut juger actuellement, la première place parmi les productions coloniales. L'expérience seule peut nous apprendre jusqu'à quel point le riz, le coton et l'indigo seraient en état de lui disputer la prééminence. Quant au café, il n'y serait qu'un objet de commerce, mais jamais de production.

Si ces recherches nous permettent de calculer approximativement les avantages que donnerait la colonisation de l'Égypte au moyen de ses propres produits, il se présente encore une autre considération qu'il ne faut pas perdre de vue. L'Égypte n'est pas seulement riche en produits, mais est encore supérieurement placée pour le commerce. Ce n'est pas ici le moment de nous reporter vers une époque

reculée; nous prenons l'Égypte telle qu'elle est
actuellement, et nous nous arrêtons aux avantages qu'elle tire de sa position et que le temps
ne peut lui ravir. Ceci en fait l'entrepôt de commerce de toute l'Afrique septentrionale, car il
s'y trouve le marché le plus grand et le plus
riche (1). Ses principales villes ont toujours été
le rendez-vous des caravanes de l'Ouest et du
Sud, de la Barbarie, du Fezzan, du Soudan, de
Darfour et de Habesch. J'ai montré ailleurs que
depuis un grand nombre de siècles les caravanes
ont suivi les mêmes routes qu'elles suivent encore aujourd'hui (2). La religion devient en outre
le gage de la durée de ce commerce. Le Caire,
ville sacrée, est une des portes de la Mecque,
où chaque musulman est tenu pour ainsi dire
d'aller en pélerinage, du moins une fois dans sa
vie; c'est le Caire où passent tous les pélerins qui
viennent de l'Afrique, soit pour traverser, avec
la grande caravane, l'isthme de Suez, soit pour
aller à Casseir et se rendre de là, par le golfe

---

(1) L'Égypte pourrait probablement aussi devenir l'entrepôt du commerce pour l'Afrique méridionale, si, en y
transplantant les chameaux, on étendait le commerce des
caravanes.

(2) Voyez le second volume *de la Politique et du Commerce des peuples de l'antiquité.*

Arabique, à Dsidda, port de la Mecque. Il s'ensuit que toutes les marchandises apportées de l'intérieur de l'Afrique, telles que l'or en grains, les esclaves, l'ivoire, le séné et plusieurs autres articles, trouvent un grand débit dans le Caire.

L'Égypte est aussi, par sa situation, un des principaux marchés des produits naturels et industriels de presque toute l'Asie méridionale; nous avons déja eu occasion de montrer plus haut quels sont les rapports intimes et indissolubles qui existent entre l'Égypte et l'Arabie. Ce commerce mutuel qui n'est entravé que par la rivalité des hommes, assurerait à lui seul la prospérité des deux pays. Si l'Égypte devenait le grand entrepôt de débit du café de Moka (à qui l'opinion accorde déja généralement la préférence sur celui de l'Inde occidentale), et si des impôts absurdes ne le renchérissaient pas, combien sa culture ne reprendrait-elle pas dans l'Yémen! N'en serait-il pas de même du blé en Égypte, tant que l'Arabie-Heureuse se verrait obligée de s'approvisionner chez ses voisins? Je ne crains pas qu'un de mes lecteurs puisse m'accuser d'exagérer les avantages qui naîtraient pour les deux pays de la colonisation de l'Égypte; je dis plus, ils deviendraient incalculables, si on facilitait le commerce en rétablissant l'ancien canal qui unissait le Nil avec le golfe Arabique, et si l'on procurait de ce côté un débouché facile aux produits de l'Égypte.

La communication, par terre, avec les provinces asiatiques de la Turquie et de la Perse est sujette à des difficultés que font naître les déserts de la Syrie et de l'Arabie septentrionale, ainsi que les hordes nomades des brigands qui parcourent le pays. Cependant ces difficultés ne sont pas plus grandes pour l'Égypte que pour la Syrie, qui est aujourd'hui le siége de ce commerce. D'ailleurs l'expérience nous apprend que ces entraves, qui furent les mêmes dans tous les siècles, peuvent bien gêner le commerce, mais jamais le détruire. Dans les temps de sa splendeur, l'Égypte servait toujours de point de réunion aux caravanes de l'Asie, et on peut espérer avec raison qu'elle le deviendrait de nouveau.

On s'est souvent attaché à montrer que les plus grands avantages qui résulteraient de la colonisation de l'Égypte, seraient les rapports dans lesquels ce pays entrerait alors avec l'Inde; mais je crois avoir prouvé que l'importance de l'Égypte, comme colonie, ne dépend pas exclusivement de cette alliance, puisqu'elle serait déja assez grande par le crédit que lui donneraient ses propres produits et ses autres relations commerciales. Je ne prétends cependant pas contester que cette importance ne puisse s'accroître

si l'Égypte devenait en même temps l'entrepôt
des marchandises de l'Inde; elle le fut autrefois,
et il reste toujours très-intéressant de savoir
jusqu'à quel point elle se prête à cette destination.

On reconnaît, de prime abord, que la nature
s'est plu à assigner ce rôle à l'Égypte, en préparant entre ce pays et l'Inde, du reste fort peu
éloignés l'un de l'autre, des communications
régulières. La distance de Suez à Bombay, par
mer, n'est guère plus grande que celle de Gi-
braltar à Alexandrie. Mais ce qui facilite surtout
la navigation, c'est le changement périodique
des moussons, vents qui semblent pour ainsi
dire destinés à assurer la traversée et le retour
des vaisseaux. Pendant les mois d'été, il règne
dans le golfe Arabique jusqu'au détroit de Babelmandeb, des vents du Nord ou du Nord-Ouest, à
l'aide desquels on va vers le Sud. Pendant la
même époque, il souffle dans la mer des Indes
des vents du Sud-Ouest, dont on a besoin pour
arriver au Malabar, après avoir passé le détroit
de Babelmandeb. Pendant l'hiver, au contraire,
il souffle dans l'Océan indien des vents Nord-Est,
et dans le golfe Arabique des vents du Sud favorables au retour. Quatre à cinq semaines suffisent pour faire ce voyage. Déja du temps des
Romains, lorsque des flottes allaient régulière-

ment tous les ans de l'Égypte aux Indes orientales, elles partaient au mois d'août et revenaient au mois de décembre. Le voyage par cette route est donc bien plus court que le chemin qu'on suit actuellement; car au lieu de cinq à six mois qu'on met pour y aller, trois mois sont plus que suffisants pour y arriver, en partant des ports de l'Espagne ou de la France méridionale.

On objectera peut-être que l'ancienne route, quoique plus courte, est moins avantageuse que la route moderne, car celle-ci se fait en entier et sans interruption par mer, tandis qu'en prenant celle-là il faut décharger les marchandises et les transporter par l'isthme de Suez, ce qu'on ne pourrait pas même éviter après avoir établi des communications par eau entre le Nil et le golfe Arabique, puisque des bancs de sable empêchent les vaisseaux d'entrer dans le Nil. On s'appuiera en outre sur l'expérience, que depuis la découverte du chemin de mer, celui de terre a été entièrement abandonné. Mais ce motif est sans fondement; car on n'eut pas les marchandises indiennes à meilleur compte parce qu'on alla les chercher par cette nouvelle route, mais parce que les Européens purent les tirer directement de l'Inde, au lieu de les recevoir de la troisième ou quatrième main, et qu'ils n'eurent pas sur mer à payer les droits énormes de transit que l'on exigeait en Égypte. Il est probable que la circumnavigation de l'Afrique n'aurait pas imprimé un mouvement aussi décisif au commerce de l'Inde, si les sultans d'Égypte, qui étaient le plus intéressés à l'empêcher, avaient écouté la raison, et s'ils s'étaient entendus avec les Vénitiens.

Mais quant au rôle plus ou moins important que jouerait l'Égypte comme colonie d'un peuple européen, vis-à-vis de l'Inde, celui-là dépend de deux autres circonstances : 1° de la position géographique de la métropole; et 2° de la puissance qu'elle exercerait dans l'Inde et dans les mers de ce pays.

Pour ce qui concerne le premier point, il me semble que le passage de l'Égypte aux Indes ne pourrait être d'une grande utilité qu'aux nations qui sont en possession des côtes et des ports sur la Méditerranée et de la mer Noire. Il n'en est pas de même des peuples qui avoisinent l'Océan; car lors même que ce chemin leur abrégerait la traversée, cela ne pourrait guère balancer l'interruption de la route et les autres entraves. Les Hollandais, durant leur domination dans les Indes, n'ont jamais essayé de prendre ce chemin; et les Anglais, s'ils en ont fait la tentative, n'y ont pas attaché beaucoup de prix. Mais je crois qu'on me dispensera de prouver qu'il en est tout autrement pour les ports méridionaux de l'Espagne, de la France, de l'Italie, et surtout de la Russie.

Une chose qui importe encore beaucoup, c'est la position politique et commerciale que le peuple colon tient dans l'Inde. Il est certain que pour une nation qui a ses principaux établissements sur la côte du Malabar, à Surate, depuis Bombay jusqu'à Ceylan, l'ancienne route doit être bien plus avantageuse qu'elle ne le serait pour une nation qui a des colonies sur la côte de Coromandel ou dans le Bengale; car, quoique la navigation ne soit pas interdite aux autres peuples, les avantages que donnent les moussons sont particulièrement affectés à la côte du Malabar, dont les places commerçantes s'élèveraient nécessairement au-dessus des autres. Mais de quelque nature que fussent les établissements de ce peuple européen dans l'Inde, pour prendre ce chemin, il faudrait qu'il pût naviguer librement et avec sûreté dans les Océans indiens, ce qui exige une puissance maritime imposante. La possession du commerce de l'Inde est aujourd'hui liée intimement à la domination sur mer. On peut troubler cette possession, mais on ne l'arrachera jamais à la nation qui est maîtresse de l'Océan. Un peuple qui posséderait l'Égypte sans dominer la mer, ne pourrait jamais

exécuter une expédition de ce pays vers l'Inde;
car ce serait une entreprise presque aussi chi-
mérique que d'aller par terre dans ces contrées.
Une telle expédition demanderait nécessairement
des opérations si bien combinées que cela tien-
drait pour ainsi dire du prodige, si elle réussis-
sait; aussi n'est-il pas à présumer qu'avec si peu
de probabilité de succès, un état bien éclairé
veuille en courir les chances (1).

Mes précédentes considérations indiquent, je
crois, en quelque sorte, le parti à tirer de
l'Égypte, comme colonie et pays commerçant.
Mais ces résultats ne seraient-ils pas balancés ou
même dépassés par d'autres désavantages? L'oc-
cupation de ce pays ne coûterait-elle pas plus
qu'elle ne rapporterait? La colonisation de l'É-
gypte ne deviendrait-elle pas la ruine des autres
colonies des Européens?

Quant au premier point, il semble s'élever
ici un obstacle presque insurmontable, c'est-
à-dire la religion et le fanatisme des secta-

____

(1) Je ferai remarquer que j'ai présenté cette même opinion à une époque où tous les journalistes se déclaraient
pour le succès d'une telle entreprise (voyez le *Magasin de
Hanovre*, n° 87, 1798). Le résultat a montré que le but de
l'expédition française en Égypte fut de coloniser ce pays,
mais non d'effectuer le passage aux Indes.

teurs de l'islam. Cependant il y aurait un moyen bien naturel de triompher de cet obstacle. Si l'Égypte tombait jamais au pouvoir d'un état chrétien, le propre intérêt de ce dernier lui commanderait d'accorder non-seulement une liberté religieuse entière, mais de protéger l'islamisme et de veiller à la sûreté des pélerins qui se rendent à la Mecque. Ceci mettrait promptement un terme à cette haine fanatique, et assurerait plutôt que la force la possession paisible de l'Égypte.

Quant à l'autre question, si la colonisation de l'Égypte ne deviendrait pas la ruine des autres colonies de l'Europe, et si, par conséquent, les puissances qui les possèdent n'auraient pas intérêt à l'empêcher; on conçoit facilement qu'il s'agit ici des établissements des Européens, tels que les îles des Indes occidentales, où l'on cultive les mêmes produits, comme le sucre, le café et le coton; mais nous avons démontré plus haut que la partie de l'Égypte qui se prête à ce genre de culture est trop restreinte pour rendre les autres colonies superflues. D'ailleurs, si l'on voulait se laisser guider par cette crainte, la Louisiane serait sans doute bien plus à redouter. Mais les besoins des hommes sont trop étendus pour qu'on puisse, à quelques exceptions près, appréhender une agglomération générale de ces produits dans les marchés; car autrement on en aurait déja senti les résultats fâcheux à la suite de l'exportation considérable de café et de sucre, sous le pacha actuel; et cependant rien de semblable n'est encore arrivé.

Il nous reste à demander quels pays de l'Europe gagneraient le plus à la colonisation de l'Égypte, et comment y gagneraient-ils.

Pour répondre, dans un sens général, à chacune de ces questions, il faut partir de la supposition que la colonie en Égypte jouirait d'une certaine liberté de commerce, et que la métropole ne l'accaparerait pas à elle seule; car comme il y a peu d'établissements où l'on puisse exercer un monopole de commerce aussi sévère qu'en Égypte, qui ne se prête au trafic de contrebande que le long de la côte resserrée du Nord, il dépend entièrement de la métropole de s'assurer tous les avantages du commerce avec la colonie. Si au contraire des principes plus libéraux avaient le dessus, les peuples les plus favorisés seraient ceux qui retireraient le plus de bénéfices du débit de leurs propres produits, soit bruts, soit travaillés. L'Égypte, à la vérité, n'a besoin que de peu de denrées de l'étranger, mais il lui en faut cependant quelques-unes d'une grande importánce. Nous rangerons en première ligne le vin, qui ne vient pas dans ce pays. Il nous faudra citer ensuite plusieurs étoffes de laine, comme la fla-

nelle, toutes sortes de quincailleries, de ver-
reries, surtout des miroirs, divers objets de
parure, et, à défaut de forêts, toutes espèces de
bois. On sent aisément que la France méridionale, l'Espagne, l'Italie, pourvues de ces articles, pourraient le mieux les fournir, puisque
leurs ports sont les plus voisins.

Mais les pays de l'Europe orientale paraissent
encore bien plus intéressés à la colonisation de
l'Égypte; car de grandes réformes semblent attendre ces pays, qu'elles s'effectuent insensiblement et d'une manière pacifique, ou par des
guerres, ou bien par les deux moyens réunis. Et
où ces réformes se feraient-elles sentir plus vite
qu'en Égypte? Catherine II en a déja préparé
les éléments en étendant la domination russe
jusqu'aux rivages de la mer Noire. Si nous y
voyons aujourd'hui fleurir des villes commerçantes comme Odessa, naguère encore une steppe
déserte, ne devons-nous pas nous attendre au
développement progressif de ces résultats?

Cependant on aura toujours à lutter contre
des entraves sans nombre tant que les Turcs seront maîtres de la mer Noire, et qu'ils en ou-
vriront ou fermeront seuls l'entrée. Mais si toutes
les dynasties de l'Orient se sont écroulées, et
s'il est dans la nature de ces états despotiques
qu'ils portent en eux les germes de leur ruine,

germès que nous voyons se développer ici depuis long-temps, comme dans les empires de
l'Asie, comment la Porte échapperait-elle au
même destin?

La suite la plus immédiate de cet événement
serait la régénération de la Grèce, sans que
nous cherchions à préjuger en rien les formes
de ce nouvel état. Mais celui-ci ne peut s'élever
ni se maintenir sans une puissance maritime,
dont on trouve là tous les éléments nécessaires.
Et comment une puissance maritime se forme-
rait-elle dans ces parages sans réagir sur l'Égypte
et le littoral de l'Afrique septentrionale? Alors
il en serait bientôt fait de ces repaires de cor-
saires qui sont la honte des puissances européennes; et de toutes ces circonstances réunies
naîtrait forcément une révolution dans les relations politiques et commerciales. Il serait plus
que présomptueux d'en vouloir calculer d'avance
tous les résultats. Cependant il n'y a qu'une traversée de la Morée à Alexandrie; dans quelques
semaines on se rendrait à la même destination
de Venise et de Marseille, comme de Constan-
tinople et d'Odessa. Quelles que soient les destinées réservées à l'humanité, la Méditerranée
deviendrait de nouveau la route commerciale
entre les trois continents de l'ancien monde; et
si aujourd'hui des escadres américaines défen-

dent déja le pavillon des États-Unis dans la mer
Égée , qui oserait fixer où s'arrêteraient les relations futures entre l'ancien et le nouveau monde!

ARTICLE SUPPLÉMENTAIRE.

(INÉDIT.)

———————

Le Traité qu'on vient de lire fut écrit il y a
trente ans , à l'époque où l'expédition d'Égypte
avait appelé l'attention de l'Occident sur l'Orient,
et présageait des changements importants dans
ces contrées. Ces changements ont eu lieu, mais
par d'autres voies que celles que j'ai indiquées
à la fin de mon Traité. La Grèce recouvrit son
indépendance. Les états des forbans ont disparu
depuis que la France en a détruit le plus puissant;
et si l'Égypte colonisée n'est pas encore devenue
la propriété d'une puissance européenne, elle
a cependant, grace à la culture de son sol, pris
place parmi les pays coloniaux, et elle travaille
à déchirer les faibles liens qui l'attachent encore

pour la forme à la Turquie. Mais quels que soient les rapports politiques futurs de l'Égypte, une expérience de vingt ans suffit néanmoins déja pour répondre aux questions élevées dans mon Mémoire.

Je me sers, à cet effet, des renseignements donnés par un voyageur qui, muni des connaissances préliminaires, étudia avec soin, sur les lieux mêmes, les antiquités et l'économie du pays : c'est le chevalier Antoine de Prokesch, major dans la marine autrichienne.

De son ouvrage, intitulé : *Erinnerungen aus Ægypten und Vorderasien* (Mémoires sur l'Égypte et l'Asie mineure), en trois volumes, la dernière moitié du second volume est consacrée aux données économiques sur l'Égypte actuelle, sous le règne de Méhémet Ali pacha.

Aujourd'hui, l'Égypte, par la culture de son sol, peut non seulement s'assimiler aux autres pays coloniaux, mais elle les surpasse encore par ses manufactures. Ce qui nous occupe spécialement, c'est de savoir ce que peut devenir ce pays bien cultivé. Aussi n'examinerons-nous pas jusqu'à quel point on peut justifier les moyens coercitifs dont le pacha fit usage pour arriver à son but, comme de s'approprier les biens-fonds et d'établir un système de monopole. Et si M. de Prokesch approuve les mesures du pacha, il faudra du moins lui accorder ce point, que ce n'est pas par les voies de la persuasion et la douceur qu'on pourrait espérer d'éveiller le goût de l'industrie chez un peuple si indolent et si dégradé par la tyrannie et le despotisme. Ne pouvant pas suivre le voyageur autrichien dans toutes ses recherches sur les produits du sol et de l'industrie, nous nous bornerons à en faire ressortir les résultats généraux.

Quant aux produits naturels il dit :

« L'Égypte était, il n'y a pas encore long-temps, forcée d'acheter du coton dans les pays voisins, car elle avait cessé d'en produire ; mais le pacha ayant remarqué que le sol est généralement propre à la culture du coton, en fit planter, et aujourd'hui elle n'en est pas seulement pourvue, mais elle en exporte même tous les ans pour plusieurs milliers de piastres d'Espagne. En 1826, la valeur de cette exportation s'éleva à 3,731,791 écus d'Espagne.

« Autrefois on ne savait pas conserver en Égypte les semences de l'indigo. Le pacha fit venir des plantes de la Syrie, et actuellement on les tire des semences indigènes.

« L'Égypte était dépourvue de bois de construction et de bois à brûler. Le pacha en fit planter dans la Haute-Égypte, et aujourd'hui cette contrée est couverte d'arbres magnifiques.

« Obligé de tirer l'huile de l'étranger, le pacha fit faire différentes plantations d'oliviers. On lui reprocha de ne pas connaître le sol de son pays, et d'ignorer que l'olivier n'y réussit pas. Il ne se laissa pas décourager; le succès couronna son entreprise, et aujourd'hui l'Égypte ne va plus s'approvisionner d'huile à l'étranger.

« Autrefois l'Égypte tirait la soie et les étoffes de soie de l'Asie et de l'Europe. Le mûrier fleurissait tout au plus dans quelques jardins du Caire. Le pacha dépensa vingt millions de piastres pour faire venir des arbres et des hommes de la Syrie, planta plus d'un million de souches dans une seule vallée nommée Wali-Tuculat, y conduisit un canal du Nil, fit construire mille réservoirs d'eau où six mille bœufs arrosent la plantation. Cet établissement fut-bientôt suivi d'autres, et aujourd'hui des fabriques indigènes travaillent déja la soie cultivée dans le pays. »

M. de Prokesch nous donne ensuite les explications les plus détaillées sur les manufactures de soie, de coton, de drap, et tout ce qui concerne les machines, les salpétrières, et surtout les raffineries de sucre, ainsi que le commerce de caravanes intérieur, le commerce maritime, l'établissement d'une marine, la construction des canaux. Ces explications confirment tout ce que j'ai dit ailleurs sur ce sujet.

La colonisation bornée à l'Égypte ne franchit guère les limites méridionales de la dernière cataracte du Nil, pour se répandre dans la Nubie. S'il en était autrement jadis, lorsque le prolongement de la vallée du Nil, comme le prouvent les monuments encore existants, offrait un aspect plus fertile, les choses ont bien changé depuis. Ni l'état physique du pays (car le sable du désert s'est avancé en grande partie jusqu'aux bords du Nil), ni les débris d'une faible population, ne permettent de songer ici à une colonisation. Cependant les relations avec ce pays et les contrées méridionales jusqu'à Méroé ne peuvent pas être indifférentes au peuple qui serait en possession de l'Égypte, car c'est de ces relations que dépendent non-seulement sa sûreté, mais aussi son commerce de terre, qui, selon le rapport de M. de Prokesch, est encore aujourd'hui fait par les caravanes venant de Darfour, de Gordefan, et surtout de Chandi (l'ancienne Méroé).

Suivant l'exemple des anciens pharaons, le pacha actuel chercha aussi à étendre sa domination jusqu'en ces lieux par la force des armes; il y réussit, mais non sans ravager le pays, et en exterminer la plus grande partie des habitants.

Sans doute des relations pacifiques, sans lesquelles le commerce ne peut fleurir, seraient plus avantageuses; mais comment les rétablir? Voilà ce qui est réservé à l'avenir; car la première condition de ce commerce est de regagner la confiance des tribus encore existantes.

APPENDICE III [1].

DE LA TRANSPLANTATION DU CHAMEAU AU CAP DE BONNE-ESPÉRANCE, ET DES AVANTAGES QUI EN RÉSULTERAIENT [2].

Quelque incomplètes que soient encore nos notions sur l'Afrique méridionale, il paraît cependant hors de doute que dans ces vastes régions le voyageur n'a point à lutter contre autant d'obstacles physiques que dans la partie septentrionale du même continent ; qu'il n'a pas d'immenses déserts à franchir, ni à craindre les attaques des Maures rapaces : il n'a qu'à choisir

---

(1) Cet Appendice ainsi que le précédent sont extraits des OEuvres historiques de M. Heeren, t. II.

(*Note du Traducteur.*)

(2) Voyez *Éphémérides géographiques*, 1799, t. III, p. 239.

la saison favorable pour traverser des contrées fertiles, habitées par des peuples pacifiques. Si les voyageurs n'ont cependant pas encore poussé bien loin les investigations, ce n'est pas à leur manque de courage et de persévérance qu'il faut en imputer la faute, mais à l'absence de bêtes de somme propres à endurer les fatigues.

Forcés de se servir de grands chariots attelés de bœufs, tous les voyageurs ressentirent bientôt les maux que leur opposait le défaut d'eau et de routes frayées. N'est-on pas autorisé à croire que toutes ces entraves auraient disparu s'ils avaient pu disposer de chameaux?

On ne contestera guère que le climat du cap de Bonne-Espérance ne convienne au chameau, et qu'il ne se trouve aussi bien sous le 35° de latitude Sud que sous le 35° de latitude Nord en Syrie. On pourrait plutôt demander si la nature du sol ne se refuse pas à l'exécution de ce projet : mais il s'en faut de beaucoup que la chaîne des monts Nieuveveld soit aussi élevée que celle du mont Liban ou de l'Atlas, et les grandes steppes (*carros*), qui longent le Nieuveveld des deux côtés, et qui sont couvertes de plantes grasses conviennent au chameau aussi bien que les vastes plaines de l'Afrique septentrionale.

Il ne faut pas croire cependant que l'extension des notions géographiques serait le seul avantage qu'on tirerait de la transplantation du chameau au cap de Bonne-Espérance, car il en résulterait déja un gain considérable pour les habitants des campagnes, qui, vivant la plupart à une grande distance de la ville du Cap, ne peuvent y porter leurs productions que dans des voitures attelées de plusieurs bœufs.

Mais le point principal, et qu'il ne faut pas perdre de vue, serait l'ouverture des relations commerciales avec les pays placés dans l'intérieur de l'Afrique méridionale, relations qui s'étendraient peut-être jusqu'aux contrées avoisinant le Joliba et le Nil.

On peut présumer que la partie méridionale de ce continent doit être plus riche en produits que celle du Nord, et des peuples à moitié civilisés, tels que les Litakou et les Beedjuanas nous en ont fait connaître, prendraient sans doute bientôt du goût pour les produits d'art de l'Europe.

La Grande-Bretagne étant reconnue maîtresse du cap de Bonne-Espérance, il serait certainement facile d'y transplanter quelques chameaux (qu'onpourrait embarquer à Mogador); car personne, à ce que je crois, ne voudra mettre en comparaison les frais de transport avec les avantages que promet l'essai de ce projet. On sait d'ailleurs qu'il faut souvent peu de chose

pour écarter les grands obstacles qui s'opposent
aux progrès de la civilisation. Puissent ces observations en hâter l'exécution (1)!

---

(1) M. le pasteur Hesse, qui vécut long-temps au cap de
Bonne-Espérance, a bien voulu m'apprendre que cette question avait été agitée pendant son séjour, mais qu'elle n'a-
vait pas encore reçu son exécution.

Il y a déja une vingtaine d'années qu'un capitaine de vais-
seau français faisant voile pour un port de la Perse, offrit,
pour un prix dont on convint, d'en ramener des chameaux;
mais on n'entendit plus parler de lui. — On laissa encore
échapper une autre occasion, lorsque des vaisseaux trans-
portèrent des troupes anglaises en Égypte et en revinrent
vides; car les bâtiments qui vont régulièrement à Moka, ne
sont pas disposés de manière à se charger de ce transport.—
L'expérience seule peut nous apprendre jusqu'à quel point
le climat et le sol conviendraient aux chameaux.

APPENDICE IV·

(INÉDIT.)

L'ILE DE CEYLAN (TAPROBANE) REGARDÉE COMME LE CENTRE DU COMMERCE MÉRIDIONAL, SUR-TOUT PAR RAPPORT A L'ÉTHIOPIE ET A L'É-GYPTE, DANS L'ANTIQUITÉ ET AU MOYEN AGE.

Dans les recherches consacrées aux Indiens (1), nous avons déja prouvé, par le témoignage de Cosmas, que Taprobane ou Ceylan fut, au milieu du sixième siècle, le centre du commerce intermédiaire de l'Inde. Un traité de sir Alexan-

---

(1) Voyez t. III, p. 435, note 2 de cet ouvrage, où l'on trouve la traduction du passage de Cosmas (*Indicopleustes apud Montfaucon*, p. 336.)

der Johnston, vice-président de la *British Asiatic Society* (1), et pendant dix ans grand-juge à Ceylan, où il avait étudié les phases de l'ancien commerce de cette île, nous a appris que Taprobane jouit d'une grande importance commerciale pendant tout le moyen âge jusqu'aux temps où les Portugais commencèrent à aller aux Indes.

Ceci nous a suggéré l'idée de donner plus de développement à nos premières recherches, et de présenter, sur ce sujet, à la Société royale des sciences à Gœttingue un Mémoire (2), dont nous offrons ici un extrait à nos lecteurs.

Il nous a paru nécessaire de commencer par

---

(1) *Transactions of the Royal Asiatic Society*, vol. I, t. III, p. 537—548. Sir Alexander Johnston visita les côtes de Ceylan par ordre de son gouvernement. Il recueillit des renseignements auprès des marchands et des prêtres mahométans, dont les ancêtres avaient été en possession de ce commerce, et dont les familles, restées pures de tout mélange avec des étrangers, en avaient conservé les traditions les plus exactes. On voit par-là que ce n'est pas dans des mythes et des fictions poétiques que nous avons puisé, mais dans des sources vraiment historiques.

(2) *De Taprobane seu Ceylone insula, per viginti fere sæcula communi terrarum mariumque Australium emporio, in commentationibus recentioribus Societatis Scient. Gotting. vol. VII; recitata in consessu Societatis*, 16 *januarii* 1828.

quelques données géographiques, parce que tout
y tient à des relations locales.

Ceylan, la plus grande île de l'Inde occidentale, à peu près de la même étendue que l'Irlande,
par sa position seule et ses ports, dont Trincomale est réputé le plus beau dans les Indes,
semble avoir été désignée comme l'entrepôt
central du commerce méridional de l'Afrique
jusqu'en Chine. Elle est séparée au Nord de la
terre ferme par un golfe, rempli, près des îlots
de Manaar et de Ramisseram, d'une chaîne de
bancs de sable appelée le Pont-d'Adam. La navigation y trouve cependant deux passages étroits,
dont la profondeur, autrefois bien plus grande,
est réduite aujourd'hui à cinq ou six pieds. Ces
passages étaient anciennement de la plus haute
importance; car, obligé de se servir des deux
moussons, le vent Nord-Est et le vent Sud-Est, on
ne pouvait faire le tour de l'île qu'une fois par
an. Mais en se servant des routes plus courtes que
nous venons d'indiquer, on évitait ce retard;
aussi tout le commerce des côtes de Malabar et de
Coromandel suivit ces routes, et il se forma dans
leur voisinage des entrepôts de ce négoce et des
relations commerciales avec des contrées plus
reculées.

L'île renferme beaucoup de montagnes, mais les
côtes, surtout celle du Nord, offrent une quan-

tité de plaines. C'est cette partie septentrionale de Ceylan, depuis Trincomale jusqu'à Manaar et Aripo, qui nous intéresse le plus. Cette bande de terre, quoique la sécheresse la rende la moins fertile de tout le pays, porte néanmoins dans ses monuments les vestiges certains d'une population jadis considérable. Parmi ces monuments ce ne sont pas les pagodes et les ruines des villes seulement qui méritent le plus d'attention, mais avant tout les nombreux étangs (tanks), bordés de pierres de taille et pourvus de conduits. Il y en a qui ont cinq à sept lieues de circonférence et qu'on pourrait appeler des lacs (1).

La destruction de ces étangs, destinés à arroser les immenses champs de riz des districts voisins, a transformé ces plaines fertiles en autant de déserts. Au rapport de Johnston, un seul étang, surnommé le Géant, près de Mantolle, arrosait un district qui donnait tant de riz qu'on en récoltait plus de quarante millions de livres (2).

---

(1) Voyez Robert Knox, *Historical Relation of the isle of Ceylon*, IV, chap. 10.

(2) Voyez Johnston, *Transactions*, et Bertolazzi, *View of the agricultural, commercial and financial interest of Ceylon*, p. 131.

Quant aux habitants de Ceylan, ceux qui vivaient dans l'intérieur du pays, les Cingalais, différaient des tribus diverses établies sur les côtes, que le commerce avait attirées et qui reconnaissaient plusieurs chefs.

Pour trouver dans l'histoire une base sur laquelle on puisse s'appuyer en toute sûreté, nous partons du milieu du sixième siècle après J.-C., époque bien déterminée, et sur laquelle nous avons déja des données aussi détaillées qu'authentiques relativement au commerce de Ceylan. Ces données, nous les devons à un négociant, nommé Cosmas, qui se fit moine, et elles sont consignées fidèlement dans sa *Topographia christiana* (1). C'est son ami Sopater, marchand comme lui, et revenu peu de temps auparavant de Ceylan, qui les lui communiqua, après l'an 55o, à Adule près d'Arkeeko, port de l'empire d'Axum en Éthiopie.

L'île de Ceylan était alors maîtresse du commerce le plus étendu, qui embrassait la côte orientale de l'Afrique, allait jusqu'à Adule, se portait vers l'Yémen et son port Aden, et exploitait la Perse, surtout les côtes au-delà du Gange,

______

(1) Voyez MONTFAUCONII *nova Collectio patrum*, t. II, p. 333—338, et le t. III, p. 435, note 2 de cet ouvrage.

les îles d'épices et la Chine. On cite les ports et les denrées de ces pays, et on fait en même temps la remarque que les habitants de l'intérieur, ceux de la contrée aux pierres précieuses, et enfin ceux des côtes, différaient entre eux et avaient plusieurs chefs. Les habitants des côtes étaient, du moins en partie, des Perses qui avaient fondé une colonie de chrétiens; nous n'osons décider s'ils étaient originaires de la Perse proprement dite, ou bien s'ils appartenaient au peuple établi autour du golfe Persique, qui entretenait des relations avec l'Inde depuis les temps les plus reculés.

La description de Cosmas nous apprend aussi quelle était la nature de ce commerce. En grande partie intermédiaire, il approvisionnait les marchés et avait des entrepôts partout où ce genre de négoce fleurissait. Ceci explique comment il se fait qu'on cite si incomplètement les produits indigènes de Ceylan, sans en excepter la cannelle et les perles.

Ces produits n'étaient rien à côté des denrées qu'on importait de l'étranger, et qu'on échangeait dans les marchés. C'est ainsi, lorsque les Hollandais exploitaient le commerce du monde, qu'on ne devait guère parler de leur débit de fromage. Les principales affaires se faisaient avec la côte orientale de l'Inde, depuis Sinde sur l'Indus inférieur jusqu'à Male (Malabar), le pays au poivre, qui avait à lui seul cinq ports désignés en même temps comme de grandes places commerçantes. Mais ce n'est pas ici le moment d'énumérer ces villes ainsi que d'autres plus éloignées.

En remontant de quatre siècles, nous nous sommes reportés du temps de Cosmas vers celui de Ptolomée (vers l'an 150 après J.-C.). Ce dernier géographe a consacré tout un chapitre à l'île de Taprobane ou de Salice (1), et s'il n'a pas eu l'intention d'écrire une histoire du commerce, sa description cependant nous apprend que les relations commerciales étaient à cette époque absolument les mêmes.

Il connaît non seulement le littoral, mais aussi l'intérieur du pays. Il représente les côtes comme garnies d'une foule de ports et de places commerçantes, assigne au riz le premier rang parmi les produits, et parle aussi de la chasse aux éléphants (*elephantum pascua*), qui avait lieu à l'extrémité méridionale de Taprobane. Nous avons montré dans un Traité sur les sources de la géographie de Ptolomée (2), que cet écrivain

---

(1) Ptolomée, *Géograph.*, liv. VII, chap. 4.

(2) *Commentationes Societ. Scient. Gotting. Recent.*, vol. VI, et t. III de cet ouvrage, p. 472.

a puisé ses relations dans les descriptions de voyages de quelques marchands. Nous avons comparé ces relations avec celles de Robert Knox, le premier et toujours le plus important des voyageurs modernes, qui demeura vingt ans dans l'île (de 1657 à 1677), y apprit la langue du pays; et nous avons reconnu avec plaisir que plusieurs des noms mentionnés par Ptolomée se sont conservés dans cette île. Son mont Male (le pic d'Adam) s'appelle Mâlell (1); le Gange, son principal fleuve, est évidemment le Mavela Gonga. On reconnaît sans peine Mandotte dans son Madutti; il en est de même du nom de l'ancienne ville royale Amurogramma, et de son territoire dans la grande plaine où l'on trouve le lac artificiel (l'Étang-Géant), d'une étendue d'environ deux lieues, et dont les insulaires se servent pour arroser leurs champs de riz. Knox l'appelle Amuraguro.

Mais Ptolomée connaît aussi bien que Cosmas les Maldives (2), et cite par leurs noms les Atollons, dix-neuf groupes qu'elles forment, et évalue même à treize cent soixante-treize le nombre des îles de sable renfermées dans son sein. A l'Est, il mentionne encore Java (Jabadia)

______

(1) Knox, l. c., p. 11, 323.
(2) Ptolémée, III, 4, vers la fin.

avec la ville d'Argentum, dans le voisinage de
Batavia et de Bantam modernes, ainsi que les îles
de Sounda (Sinde). Il sait qu'elles sont habitées
par des anthropophages, nommés Battas (1); il
dépeint les monoxyla, vaisseaux dont on se sert;
et ne manque pas de notions sur la Chine et le
commerce porté en ces lieux.

En remontant à peu près d'un demi-siècle,
nous tombons sur le célèbre Périple d'Arrien,
qui nous donne la description la plus exacte du
commerce indien de ce temps. Mais malheureusement Arrien n'alla pas tout à fait jusqu'à
Ceylan; cependant il poussa jusqu'à la côte de
Malabar, dont le commerce, à ce que nous
rapporte cet auteur, fut dans l'état le plus florissant. Mais il ne s'arrête pas là, et nous communique plusieurs éclaircissements intéressants
sur l'île de Ceylan (2). Cette île était alors appelée Palæsimundus, d'après la ville de ce
nom (3), (qui, au dire de Pline, avait deux

---

(1) ANDERSON, *Mission to the East coast. of Sumatra.*

(2) ARRIANI, *Periplus maris Erythræi, in fine.* A une
époque plus récente, au XIVe siècle, Ibn Batuta vit également dans ces parages un grand nombre de villes floris-
santes habitées par de riches marchands turcs.

(3) Selon Pline, *Palæsimundus* est à la fois le nom d'un
fleuve à double embouchure, et d'une ville située près de
ce fleuve. Bertolacci appelle le confluent septentrional du

cent mille habitants), comme on désigne aujour-
d'hui Java souvent par la dénomination de
Batavia. Elle était probablement située près de
Trincomale; il y a d'autres auteurs qui la placent à Jaffanatapam. De grands vaisseaux navi-
guent sur ce golfe. On présente la partie septentrionale de l'île comme très-cultivée, et on cite,
outre les produits indigènes, aussi de belles
tuniques comme objets de commerce.

En remontant encore à peu près de cent ans,
nous arrivons au siècle de César, dont Pline et
Strabon sont les auteurs contemporains (1).

Les notions de Strabon sur Taprobane, comme
en général sur l'Inde, sont bien incomplètes;
mais il fait mention du commerce de Taprobane
avec de l'ivoire, de l'écaille et autres marchandises des Indes.

Dans Pline, il faut distinguer les relations de
son temps, de celles des temps antérieurs, sur
lesquels nous reviendrons tout à l'heure. Les
premières, il les a puisées dans les rapports
d'une ambassade qui, sous l'empereur Claude,
lui fut envoyée de Taprobane, et qui, à ce qu'on

---

principal fleuve Gonga, dans la baie de Trincomale ainsi
que la ville voisine, *Patjemulli*. Ce nom se serait-il transformé en *Palæsimundus ?*

(1) PLINII *Historia naturalis*, VI, 24; STRABO, p. 1012.

prétend, eut pour chef un certain Rachia (peut-
être Rajah). L'île, dit-il, contient cinq cents villes;
mais sa capitale ainsi que son principal port est
Palæsimundus. Elle renferme plus de marchandises précieuses que Rome, et fait des affaires
jusqu'à Serica, où le père de Rachia lui-même
doit être allé. Le roi, qui délégua à Pline une
ambassade, ne fut pas le souverain de l'intérieur
du pays, mais eut sa résidence dans la ville lit-
torale. Il y règne le culte de Bacchus (ne serait-
ce pas celui de Chiva?) et des Arabes. Pline
ajoute ensuite : *Cætera ut nostri mercatores*. Taprobane présente donc, au commencement de
notre ère, le même caractère que du temps de
Ptolomée et de Cosmas.

En remontant encore de trois siècles, nous
voilà en présence d'Alexandre et des Ptolémées.
Il faut ici, avant tout, laisser parler les compagnons d'Alexandre, Néarque et Onésicrite, commandants de sa flotte, qu'ils conduisirent de
l'Indus dans le golfe Persique et aux embou-
chures de l'Euphrate.

La renommée de Taprobane vint même,
disent-ils, de loin frapper leurs oreilles. C'était
en quelque sorte un autre monde (*alium orbem
terrarum esse*). C'est à Onésicrite qu'on doit la
première connaissance que c'était une île. Il en
évalua l'étendue, avec raison, à cinq mille stades.

Mais ce qui est surtout curieux, c'est que les notions sur le port d'Adam, avec ses passages et
son importance, pénétrèrent dans le monde occidental.

L'île, rapportait-on, était séparée du continent par des bancs de sable; cependant il y
avait au milieu d'eux des passages, mais trop
étroits pour des vaisseaux chargés de trois mille
amphores. On savait aussi que la navigation
était subordonnée aux saisons, on ne pouvait
tenir la mer pendant quatre mois de l'année
(c'est-à-dire au moyen des moussons), et non
dans les premiers cent jours qui suivent les
solstices.

Toutes ces choses, Pline les raconte d'après
les auteurs anciens, ce qu'il exprime par ces
mots : *Prisci memorant;* et Néarque nous apprend qu'arrivé à l'entrée du golfe Persique, et
en vue du cap de Maçeta (Mascate), on lui aurait dit que c'était là l'entrepôt de la cannelle et
d'autres marchandises de l'Inde, qu'on trans-
portait ensuite en Barbarie (1).

Faut-il encore d'autres preuves pour se convaincre que Taprobane fut déja à cette époque
telle qu'elle se montre du temps des Romains?

____

(1) NEARCHUS, *apud Arrian. in Indicis*, p. 190.

Si l'on peut être surpris de voir des récits exa-
gérés relatifs à la grandeur de Taprobane se répandre durant le règne des Ptolémées, et être
accueillis par Ératosthène, et autres écrivains,
cet étonnement doit cesser, lorsqu'on songe qu'il
n'y avait pas, à cette époque, de navigation
directe d'Alexandrie aux Indes, puisqu'on trouvait déja les marchandises de l'Inde dans l'Arabie
méridionale. Voilà ce que Strabon (1) affirme
expressément. A peine si quelques vaisseaux
venaient alors d'Égypte aux Indes ; et le seul récit
du voyage maritime de Jambulus, dont parle Diodore (2), fait certainement partie des voyages de
Taurinius et de Damberger. Aussi les relations
dont Ératosthène et autres géographes tirèrent
parti, ne vinrent-elles pas directement de Taprobane, mais plutôt par Palibothra, capitale
des Prasii, sur le Gange, où les Séleucides en-
voyaient leurs ambassadeurs, tels que Mégas-
thène et autres. Si l'on ne peut nier que ces relations n'aient souvent le cachet du fabuleux, il
faut cependant convenir qu'elles reposent sur
quelque chose de vrai. Car à en juger seulement
par le nombre des voyages maritimes faits chaque
jour, et que Pline cite sur la foi de ces écrivains,

____

(1) STRABON, p. 179.
(2) DIODORE, I, p. 167.

on ne peut se refuser à la croyance que Taprobane devait entretenir un commerce régulier avec les pays dont nous venons de parler.

Remontons encore de quelques siècles et vers l'époque de la domination perse (environ 500 ans avant J.-C.), car on nous dispensera, sans doute, de prouver que les choses établies du temps de Néarque et d'Onésicrate devaient avoir une origine plus ancienne. Nous croyons même avoir montré, dans nos recherches sur les Babyloniens, qu'il existait déja, avant l'établissement de la monarchie perse, un négoce très-actif entre Babylone et l'Inde. Mais à cette époque le nom de Trapobane n'étant pas répandu en Occident, nous n'avons pas voulu nous reporter vers ces temps, et bien moins encore vers le siècle de Salomon et de ses navigations à Ophir, pour qu'on ne pût pas nous reprocher de former des conjectures, quelque vraisemblables qu'elles pussent être.

Nous sommes donc revenus à notre point de départ, le siècle de Cosmas, pour pénétrer ensuite dans le moyen âge. Nous ne nous sommes arrêtés que fort peu aux relations des deux Arabes rapportées par Renaudot, et aux renseignements fournis par Marco Polo (qui désigne Ceylan comme la plus belle île du monde, pourvue abondamment de riz, de pierres fines et de diverses

espèces de bois précieux); car nous avons pu
puiser à une source plus féconde, aux dernières
descriptions données par Alexandre Johnston (1).

Selon lui, les premiers marchands mahométans vinrent à Ceylan au commencement du
huitième siècle (ainsi pas tout à fait 15o ans après
Cosmas). Ce furent des Haschemites qui, persé-
cutés par les Ommiades, sous le calife Abdul-
Malek (mort en 7o5), se portèrent de l'Euphrate
au Sud par Malabar à Ceylan, y fondèrent huit établissements, surtout au Nord et à l'Ouest de l'île,
à Trincomale, Jafnapatam, Mantotte et Manaar,
Cudramalle, Putlam, Columbo, Barbarin et
Point-Gales. Mais bientôt, Mantotte et Manaar,
par leur position vis-à-vis de l'Inde, les passages
du pont d'Adam, et leurs pêches aux perles,
jetèrent le plus d'éclat et devinrent (ce qu'ils
avaient déja été jusque-là pour les marchands
de Malabar et de la Perse), les entrepôts de tout
le commerce qui se faisait, d'un côté, avec
l'Égypte, l'Arabie, la Perse et le Malabar, et de
l'autre, avec Coromandel, le Bengalé, Malacca,
Java, Sumatra, les Moluques et la Chine.

Les marchands de soie de Chine, après avoir
échangé en route de l'aloès, des clous de girofle,
des noix de muscade et du bois de sandal, trou-

____

(1) *Transactions of the British Asiatic Society*, l. c.

vaient un débit avantageux chez les peuples
voisins du golfe Arabique (1) et du golfe Persique. C'est ici qu'on échangeait les produits de
l'Occident et de l'Orient.

Ce commerce dura jusqu'à la fin du quinzième
siècle ; mais, il faut le dire, il fleurit le plus pèn-
dant le onzième et le douzième. Pendant ce temps,
les marchands de Manaar et de Mantotte remplissaient leurs immenses magasins de produits
qu'ils tiraient, par leurs agents, des divers ports
de l'île de Ceylan : Trincomale leur fournissait
le riz; Jafna le bois de palmes noir, les *schanks*
(des coquillages comme objets de parure et aussi
de culte, *voluta gravis*) et l'indigo; Cudramalle,
les perles; Paltam, le bois d'ébène, les noix
d'arec et le bétel; Colombo, la cannelle et les
pierres précieuses; Barbarin, l'huile de noix de
coco; Point-Gales, l'ivoire et les éléphants. Au
moyen de vaisseaux armés, entretenus à leurs
frais, ces marchands furent maîtres des deux
passages du pont d'Adam; et leurs richesses
mirent les habitants des districts voisins en état

---

(1) Pendant le douzième et le treizième siècle, le port
d'Aidab, sur la côte de Nubie, sous le 22° de latitude Nord,
fut l'entrepôt du commerce sur le golfe Arabique. Les recherches consacrées à l'Égypte montrent quelle vie le commerce répandait alors sur ce pays ainsi que sur l'Arabie.

d'entretenir l'étang Géant, à Mantotte., ainsi que les autres *tanks*, ce qui ne contribua pas peu à fertiliser et peupler ces parties de l'île. Ce fut encore eux qui conduisirent les premiers tisserands de l'Inde à Ceylan.

Depuis la fin du quinzième siècle ce commerce tomba, tant par la politique et les établissements des Portugais et des Hollandais, que par suite du changement opéré dans la marche de la navigation, qui ôta aux passages du pont d'Adam l'importance qu'ils avaient eue jusqu'alors. Néanmoins le commerce ne déclina qu'à la longue, et aujourd'hui encore, la population mahométane de l'île comprend environ soixante-dix mille âmes.

C'est ici que s'arrêtent les relations d'Alexandre Johnston. Nous en pouvons faire découler les résultats suivants :

1° Il est historiquement prouvé que Ceylan fut, dans les quinze premiers siècles de notre ère, le grand entrepôt du commerce méridional depuis la côte orientale de l'Afrique, par l'Inde, jusqu'en Chine.

2° Ceci s'applique aussi aux trois derniers siècles qui précèdent notre ère, mais ne saurait être démontré d'une manière aussi positive.

3° Ce commerce ne fut pas exploité par les habitants établis dans l'intérieur de l'île, les Cingalais, qui ne furent jamais navigateurs, mais

par des colons étrangers qui étaient venus se
fixer sur les côtes. Ces colons, depuis la propagation de l'islamisme, Arabes mahométans, se
composaient d'abord de Perses et de Malabares
(ces derniers, au témoignage de Knox, différaient essentiellement des Cingalais par leur
langage et leurs mœurs), mais auxquels se
mêlaient déja des Arabes dès les premiers temps.
Encore aujourd'hui, le Nord de l'île est en grande
partie occupé par des Malabares (Robert Knox
trouva même un état entier de Malabares·qui,
tout en payant tribut, était gouverné par un chef
de leur nation), et les descendants de ces marchands mahométans sont toujours disséminés
dans les ports de l'île.

S'il nous est permis d'espérer d'avoir répandu
par ces recherches un peu plus de lumière sur
l'une des branches les plus importantes de l'histoire du commerce ancien, nous n'ignorons pas
combien il y reste encore d'obscurité. L'âge des
monuments est toujours incertain. En admet-
tant même, comme Knox le fait déja observer, que les édifices appartiennent à différentes époques, les *tanks* n'en rémontent pas
moins au-delà des temps de l'islamisme, et
même de notre ère ; car ils ne sauraient être postérieurs à la culture de la partie septentrionale
de l'île, dont celle-ci dépend, ce qui est, du

reste, confirmé par des traditions qui se sont conservées parmi les habitants.

L'ordre chronologique dans lequel divers peuples sont venus s'établir à Ceylan, et, avant tout, l'influence que le changement de religion a exercée sur le commerce, demanderaient encore des développements plus étendus; et si la propagation du culte de Bouddha, que la tradition des Cingalais place vers 5oo ans avant J.-C., est jamais mieux éclaircie, on verra peut-être qu'elle a été suivie des mêmes effets que plus tard celle de l'islamisme. Mais cela nous aurait forcés de nous livrer à des études mythologiques qui n'entrent pas dans notre plan.

APPENDICE V.

(INÉDIT.)

DU COMMERCE DE PALMYRE (1).

Déja, en parlant des Phéniciens, j'avais désigné Palmyre comme une station de la route de commerce qui allait à Babylone; mais, à défaut de notions contemporaines exactes, je m'étais borné à présenter le fait sans l'affirmer

---

(1) Ce mémoire, que nous devons à la bonté de l'auteur, et qui se rattache au tome II, p. 140 de cet ouvrage, est l'extrait d'un plus grand traité intitulé : *Commercia urbis Palmyræ, vicinarumque urbium, ex monumentis et inscriptionibus illustrata*, et inséré dans les *Commentationes recentiores Societatis Scient. Gotting.*, vol. VII.

(*Note du Traducteur.*)

d'une manière absolue. Cependant le nom de Palmyre a acquis une si grande célébrité qu'il me semble intéressant d'en appeler au témoignage des écrivains dignes de foi et des monuments encore existants, pour montrer quel rôle important cette ville a joué à une époque plus reculée, lorsqu'elle était maîtresse d'une partie importante du commerce universel.

Je chercherai à éclaircir cette question à l'aide des inscriptions trouvées sur les débris d'édifices gigantesques; mais je regrette de ne pas pouvoir en offrir les copies à mes lecteurs, car ils surpassent en grandeur et en étendue tous les autres monuments, à l'exception de ceux de l'ancienne Égypte (1).

Ce ne sont pas seulement les ruines d'un des temples les plus vastes et les plus magnifiques, mais un portique d'une longueur énorme conduit de ces ruines à d'autres grands édifices, dont on ne peut préciser la destination.

Mais avant de continuer ces recherches, il me faudra d'abord donner quelques renseignements sur la position et l'histoire de la ville de Palmyre.

---

(1) Wood. *Ruins of Palmyra*, 1750; et Cassa, *Voyage pittoresque en Syrie*. Ce dernier ouvrage donne des copies, mais ne renferme aucune inscription.

La position de Palmyre est unique dans son genre. Placée dans le cœur du grand désert de la Syrie, au milieu d'une oasis dans le principe abondamment pourvue de palmiers, elle reçut le nom de Ville aux palmes.

Nous avons bien trouvé aussi dans les déserts de l'Afrique quelques oasis qui renfermaient des monuments importants, mais jamais une ville qui pût le moins du monde être comparée à Palmyre. Éloignée de cinq à six journées à l'Est de Damas, et de quatre à cinq de l'Euphrate, cette position explique comment il fut si rarement question d'elle dans l'antiquité, et comment, dans les temps modernes, surtout après le changement des routes des caravanes, elle put être entièrement oubliée.

Ce ne fut que vers la fin du dix-septième siècle, en 1691, que des marchands anglais, dont l'attention avait été provoquée à Alep par les récits des Arabes, répandirent un peu la connaissance de cette ville en Europe (1). La description qu'ils firent de ses ruines magnifiques, et quelques inscriptions qu'ils en rapportèrent, excitèrent la curiosité générale. En 1757, les

---

(1) *Philosophical Transactions*, vol. 48. Seller essaya le premier à interpréter les inscriptions dans *Antiquities and history of Palmyra. Appendix*, London, 1696.

deux Anglais Bouvers et Davkins, accompagnés de l'excellent architecte Robert Wood, se rendirent sur les lieux et en firent copier les ruines. C'est à Wood que nous devons le superbe ouvrage intitulé : *The Ruins of Palmyra*, et qui forme le pendant de: *The Ruins of Baalbec* en Syrie.

Palmyre, ville très-ancienne, fut fondée par le roi Salomon, qui, à ce qu'on dit, construisit aussi Thadmor dans le désert (1) et plusieurs autres villes en Syrie, que son père David avait soumise à sa domination. Ainsi l'origine de Palmyre tombe environ dix siècles avant le commencement de notre ère. Josèphe (2) ajoute que Salomon l'avait fortifiée de murs solides pour la défendre contre les invasions des hordes errantes. Il est donc certain qu'elle devait tenir lieu de forteresse frontière; mais ce qui l'est moins, c'est qu'elle servait en même temps de place commerçante : cependant, quoique les anciens ne se soient pas expliqués à cet égard, la nature des choses nous l'apprend suffisamment. Qui ne se rappelle combien Salomon tendait à prendre une part active dans le commerce du monde?

_____

(1) *Livre des Rois*, 9, 18, 2.—*Chron.* 8, 4.
(2) JOSEPH., *Ant. Jud.* VIII, 6.

S'il n'est plus. fait mention de·Palmyre dans les auteurs hébreux, il ne faut pas s'en étonner; car l'empire de Damas étant venu à s'élever, la Syrie fut perdue pour les successeurs de Salomon. On ne saurait croire que dans les expéditions de conquêtes des Assyriens et des Babyloniens, Palmyre ait pu échapper au pillage et à la dévastation. Et lors même qu'elle eût évité ces malheurs, l'interruption du commerce seule devait entraîner sa chute. Si Alexandre dans sa marche victorieuse ne vint pas à Palmyre, cette ville tomba cependant après lui au pouvoir des Séleucides, comme nous le montrent sa position topographique et l'ère de ces mêmes princes, retracée dans les inscriptions de ses monuments. Néanmoins on n'en parle pas durant cette époque; ce n'est que sous la domination romaine, quand Pompée eut transformé la Syrie en province, que Palmyre reparut sur la scène du monde et se présenta de prime abord comme une riche ville de commerce. Car Antoine, sorti vainqueur de sa lutte avec Brutus et Cassius, réglant les affaires de l'Asie et voulant récompenser sa cavalerie, lui abandonna le pillage de Palmyre (1), sous le prétexte que cette ville n'avait pris ni le parti

---

(1) APPIAN., *de Bellis civilibus*, V, 9.

des Romains ni celui des Parthes. Cependant
les habitants, prévenus à temps, avaient sauvé
leurs richesses au-delà de l'Euphrate, et la cavalerie d'Antoine en fut pour ses espérances de
butin. Si les rapports qui existèrent dès lors entre
Rome et Palmyre, ne nous sont pas indiqués
directement, le témoignage de Pline nous fait du
moins présumer que, protégée par ses déserts,
cette dernière ville conserva sa liberté.

« Palmyre, dit cet auteur (1), célèbre par sa position dans un endroit fertile, entourée de toutes
parts par le désert, est placée entre les deux
empires les plus puissants, celui des Romains
et celui des Parthes, qui, dans leurs différends,
n'ont rien de plus pressé à faire qu'à chercher
à se procurer son assistance. »

Il fallait nécessairement qu'elle fût indépen-
dante, pour qu'il lui fût libre d'épouser la
cause de l'un ou de l'autre parti, et son importance est démontrée par le prix que l'on attachait à son appui.

Néanmoins après Pline, sa position doit avoir
changé : soumise à la puissance de Rome, elle
conserva sa constitution intérieure, de sorte
qu'elle fit partie des villes libres, comme il résulte

***

(1) PLINE, *Histoire naturelle*, V, 21.

de plusieurs inscriptions où il s'agit des décrets publics du peuple et du sénat. Cependant on représente le procurateur d'Auguste, sous le titre de *ducenarius*, comme ayant levé en cette ville les impôts pour l'empereur. Ceci eut probablement lieu lors du règne de Trajan. Il faut croire que durant cette époque elle a dû beaucoup souffrir, soit des guerres portées en Syrie et en Arabie, soit des grands tremblements de terre qui désolaient alors même les villes syriennes, soit de ces deux causes réunies. Mais l'époque brillante de Palmyre commence avec Adrien, que l'on désigne comme restaurateur de cette ville déchue, à laquelle on voulut même un instant donner le nom d'Adrianopolis (1). Il existe encore des inscriptions qui prouvent qu'Adrien la visita et qu'il y fut reçu en grande pompe (2). C'est sous les deux successeurs de cet empereur, les Antonins, que Palmyre atteignit le plus haut degré de splendeur; car l'architecture et les inscriptions attestent que tous les grands monuments dont les faibles débris causent encore notre admiration, datent de ce temps. Le règne d'Adrien et celui d'Antonin-le-Pieux furent marqués par

---

(1) STEPHANUS, *de Urbibus, sub voce :* Παλμυρα.
(2) Voy. *Ruins of Palmyra*, nº. XX.

quarante ans de paix avec les Parthes, à qui Adrien avait rendu les provinces que Trajan leur avait enlevées. Aussi les arts et le commerce florirent-ils à l'ombre de l'olivier. Nous en trouvons les preuves non seulement dans les ruines de Palmyre, mais aussi dans celles des autres villes syriennes où l'on éleva, selon les relations consignées dans la chronique de Malala, de nombreux édifices, entre autres le temple d'Héliopolis ou de Baalbeck. Le bouleversement de l'empire parthe et l'élévation des Sassanides au pouvoir entraînèrent aussi la ruine de Palmyre ; car Zénobie s'étant séparée de Rome pour embrasser la cause des Perses, la vengeance des Romains ne put être assouvie que par la captivité de la reine de Palmyre et la destruction de cette ville.

Le commerce de Palmyre se fit comme en général tout commerce de terre en Asie, par caravanes ; car pour que les marchands puissent traverser sûrement avec leurs chameaux de longues routes infestées par des tribus rapaces, il faut qu'ils se réunissent en troupes armées ou qu'ils se fassent escorter. Mais la longueur des routes nécessite des stations ou lieux de repos pour les hommes et les animaux, et ces stations servant en même temps de marchés, finissent souvent par se transformer en grandes et superbes villes. Telle fut aussi l'histoire de Palmyre : sa position ainsi que nos précédentes observations expliquent facilement la nature de son commerce: il fut intermédiaire, le plus propre par conséquent à enrichir ceux qui l'exploitent. Les habitants de Palmyre achetaient à un peuple des marchandises pour les revendre à d'autres à des prix plus élevés. C'est ainsi que nous les peint Appien : ce sont, dit-il (1), des marchands qui passent aux Romains les denrées qu'ils ont été chercher chez les Arabes et chez les Parthes. » Pline (2) nous apprend l'importance de ce commerce, qui, dit-il, «rend les trafiquants les plus riches de tous les peuples, et dévore les trésors des Romains et des Parthes. » A en juger par la position de Palmyre, ses habitants dans leurs expéditions commerciales devaient traverser les déserts de la Syrie et de l'Arabie : ils ne pouvaient le faire qu'avec des escortes armées; cela entraînait de grandes dépenses, car souvent ils étaient obligés de payer le passage au poids de l'or. C'était bien à la ville de subvenir aux frais, mais on voyait aussi quelquefois des citoyens très-riches verser les sommes nécessaires.

Pour récompenser ces hommes généreux, le

____

(1) APPIAN., *de Bellis civilibus*, V.
(2) PLINE, VI, 32.

sénat et le peuple, ou bien la caravane reconnaissante, leur élevaient des monuments publics :
des statues et des inscriptions étaient placées
en leur honneur soit dans la cour du temple
principal, soit dans le grand portique. Il s'en
est conservé quelques-unes, et c'est à elles surtout que nous devons nos notions sur le commerce de Palmyre. L'ouvrage de Wood offre
vingt-trois inscriptions, tant en langue palmyrienne avec une version grecque, qu'en langue
grecque seule : il y en a quatre qui se rapportent
au commerce (trois en grec et une en langue
palmyrienne avec la version grecque). Nous les
donnons ici traduites en latin.

I

*Ruins of Palmyra. N° XVIII. Dans la cour
du temple principal.*

Senatus Populusque (Palmyrenus) Septimium
Orodem, optimum procuratorem, ducenarium
Augusti, qui oleum curavit donandum metropoli
coloniæ, quique privata impensa et suo sumtu
commeatum mercatoribus iter commune fa-
cientibus præbuit ; et a negotiorum præsidibus
(τοῖς ἀρχεμπόροις) amplum testimonium adeptus
est ; fortiter et cum laude militantem ; et ædi-
lem eiusdem metropólios coloniæ plurimas

etiam opes ex privato impendentem, ideoque
placentem eidem Senatui Populoque, et nunc
magnifice symposiarchum in sacrificiis Jovis
Beli honoris erga coluit.

Ce Septimius Orodes fut *ducenarius* (*procurateur*) d'Auguste, par conséquent un magistrat
élevé. Il est dit à sa louange :

1.º Il a donné de l'huile à la ville. L'huile est
comptée parmi les premiers besoins de l'Orient,
car elle est employée dans les mets et aux bains.
Palmyre était obligée d'aller là chercher au dehors, et un tel présent fait à la ville était sans
doute d'une grande importance.

2° Il a soldé de ses propres deniers les dépenses ordinaires de la socité des marchands. Il
est donc ici évidemment question de la caravane,
dont il avait payé lui-même l'escorte ou d'autres
frais. Voilà ce qu'attestent les présidents du corps
commerçant.

3.º Il s'était aussi distingué comme commandant et comme édile de la ville, et avait fait de
grandes dépenses comme ordonnateur des repas
lors des fêtes en l'honneur d'Hélios.

4° Par tous ces motifs le sénat et le peuple
de Palmyre lui élèvent ce monument, l'an (la
date est effacée), dans la cour du temple principal.

II

Ruins of Palmyra. N° X. Sous le grand portique.

Julium Aurelium Zebidam, Mozimi filium, Zebidæ nepotem, mercatores qui cum eo descenderunt ad Vologesiæ nundinas (Ολογεσιάδα ἐμπορίαν) elegerunt astorubaida, virum ipsis gratissimum honoris gratia. A. 558 Seleucid. Voilà ce qui résulte de cette inscription :

1° Une caravane était allée de Palmyre à Vologésia, ville sur l'Euphrate, sous la conduite d'Aurèle Zébida, pour en visiter la foire.

2° Cette caravane avait nommé Aurèle Zébida *astorubaida*. Le titre est palmyrien, et doit être expliqué par l'arabe, le palmyrien étant un dialecte sémitique : il signifie commandant du désert et vient de *baida* le désert, et *aschteru* le commandant. On ne sait pas au juste s'il désignait simplement la dignité ou s'il était en même temps un titre honoraire (à peu près comme *l'imperator* chez les Romains), qui n'était donné qu'au retour. La dernière opinion est plus probable puisqu'il, en est fait là remarque dans l'inscription.

3° Le monument, apparemment une statue, sans compter l'inscription, fut élevé non par la ville, mais par la caravane reconnaissante, dans le grand portique et non dans la cour du temple. Cela eut lieu l'an 558 des Séleucides et l'an 246 de notre ère, par conséquent sous le règne de l'empereur Philippe, vingt-cinq ans avant la destruction de Palmyre.

4° Aurèle Zébida n'est pas autrement connu; parmi les généraux de Zénobie, il est question d'un Zaba ou Zabda ; s'il ne fait qu'un avec notre Zébida, il aurait été encore un jeune homme lorsque ce monument lui fut élevé.

III.

Ruins of Palmyra. N° V. Dans la cour du temple.

Nasæ Allati filio Synodiarchæ mercatores, qui cum eo descenderunt ab Euphrate et Vologesia, honoris et gratitudinis causa statuam hanc posuerunt. A. 453 (Chr. 141).

Cette inscription renferme un sujet pareil à la précédente.

1° Elle fut placée, probablement aussi avec une statue, dans la cour du grand temple, à un certain Nasa, que nous ne connaissons pas autrement.

2° Une caravane, dont il avait été le chef, le fit par reconnaissance.

3° Cette caravane était revenue de Vologésia sur l'Euphrate à Palmyre.

4° L'an 453 des Séleucides, ou 141 de notre ère, sous le règne d'Antonin-le-Pieux, où le commerce de Palmyre semble avoir été dans l'état le plus florissant.

5° Ce monument étant aussi placé dans la cour du temple, cela montre encore la liaison intime qui existait entre le commerce et la religion.

IV.

Ruins of Palmyra. N° XIII. Sous le grand portique.

Hæc est statua Julii Aurelii Schalmalat, filii Malæ, Hebræi, ducis societatis peregrinatorum, quam in ejus honorem erexit Senatus Populusque Palmyrenus, quod adduceret talem societatem (συνοδίαν). Gratis solebat itinera facere. A. 569. (Chr. 258, sous le règne de Vaélrien.)

Cette inscription est grecque et palmyrienne, tandis que les trois précédentes étaient seulement grecques. Elle se trouve sous le grand portique et non pas dans la cour du temple. L'inscription grecque est incomplète, mais la palmyrienne, qui est conservée en entier, a été traduite en latin par Eichhorn (1). Quoiqu'elle soit courte,

---

(1) *Commentationes recentiores Societat. Scient. Gotting.* vol. VI.

elle n'est pas moins remarquable pour avoir été conçue en l'honneur d'un Juif; elle nous apprend :

1° Que cette statue fut élevée à Schalmalat, désigné expressément comme Juif, ce qui prouve que les Juifs ne prenaient pas seulement part au commerce de Palmyre, mais jouissaient aussi d'une telle considération qu'on leur dressait des monuments publics;

2° Que Schalmalat avait été chef de la caravane qu'il avait ramenée à Palmyre (on n'indique pas de quel endroit), non pas avec les deniers de l'État, mais à ses propres frais; et si l'on ajoute qu'il avait habitude de le faire, cela démontre qu'il avait rendu plusieurs fois ce service et avait ainsi mérité de la ville.

3° Cependant la statue et l'inscription ne lui furent pas érigées par la caravane, mais par le sénat et le peuple de Palmyre, ce qui dénote quel prix toute la ville attachait à l'heureuse arrivée de ces compagnies de commerce, et combien on considérait l'homme qui avait rendu des services de ce genre.

Ce sont là les inscriptions connues de Palmyre, qui donnent des renseignements sur le commerce de cette ville. Il faut espérer que de nouveaux voyages entrepris vers ces contrées nous en feront connaître d'autres. Il ressort de

celles qui ont été publiées jusqu'ici, qu'à Palmyre
le commerce était intimement lié avec la religion.
Les inscriptions se trouvent ou dans l'intérieur
du sanctuaire, c'est-à-dire dans la cour du temple principal, ou bien sous le grand portique
qui y conduit. C'est sous la protection spéciale
d'Hélios, dieu tutélaire de la ville, que se faisait
le commerce.

En examinant de plus près les monuments,
on arrive à quelques résultats auxquels on ne
contestera pas le degré d'architecture historique
que l'on peut espérer rencontrer ici.

Le temple du dieu Hélios était placé au
milieu d'une grande cour carrée et avait une
telle étendue (chaque côté avait huit cents pieds
de long) qu'encore aujourd'hui les Arabes y établissent leurs huttes. Cette cour était entourée
d'une colonnade composée d'une double rangée de colonnes, environ cent de chaque côté,
et derrière laquelle se trouvaient des cellules.
Un portique magnifique, richement orné, formait l'entrée dans la cour : on voyait non loin
de là deux bassins de huit pieds de profondeur,
daus lesquels on descendait par des marches. Toute
la cour était pavée de marbre : les Arabes appellent
encore à présent cette place, où les voyageurs
ont l'habitude de descendre de leurs bêtes de
somme, la Cour des chameaux. En aurait-il été

autrement dans l'antiquité? Comment ne pas y reconnaître le grand caravansérail de Palmyre, puisqu'elle en a toute la forme et la disposition? Sa forme carrée, son aire immense, suffisante pour décharger les chameaux; les cellules à l'usage des voyageurs, ainsi que les citernes, tout milite en faveur de cette opinion. Les monuments érigés dans l'intérieur de la cour montrent que la place était consacrée au commerce. On sait d'ailleurs que l'établissement du caravansérail est encore regardé aujourd'hui comme un devoir de religion et comme une bonne œuvre.

Cette cour communiquait à un portique couvert, de quatre mille pieds de long, où l'on entrait par une porte de triomphe. Ce portique conduisait à une autre partie de la ville, qui, à en juger par les ruines de ses temples et de ses palais, ne devait pas offrir un aspect moins imposant. Il se rattachait sans doute aussi au commerce, car on y trouvait les monuments élevés en l'honneur des chefs des caravanes. Toute son ordonnance ne doit-elle pas nous faire présumer que c'était le bazar de Palmyre, où les marchandises des magasins voisins étaient exposées, et où les marchands, à l'abri des rayons brûlants du soleil, venaient traiter leurs affaires? Une telle bourse était sans doute beaucoup plus grande et plus magnifique que celles de nos premières cités commerçantes. Mais aussi combien les établissements de ces dernières restent-ils au-dessous des monuments de Palmyre !

Quant aux objets dont Palmyre trafiquait, ils s'expliquent par la position de la ville, et la nature de son commerce. Les dattes et le sel qui se trouve dans le voisinage étaient ses seuls produits naturels. Mais à ces articles venaient sans doute se joindre des objets de manufactures; ce qui est du moins certain quant aux robes de soie.

C'est de Palmyre que les Romains tiraient, au rapport de Vopiscus (1), des vêtements tout en soie (*holosericæ*), qu'il faut distinguer des étoffes moitié soie. Ceci fait de nouveau supposer des relations intermédiaires avec l'Asie orientale, avec Sérica, alors la patrie exclusive de la soie. On trouvait probablement aux marchés de Vologésia sur l'Euphrate les matières brutes, et peut-être même les robes confectionnées; car on ne saurait présumer que les caravanes de Palmyre allassent elles-mêmes jusqu'aux pays frontières de la Chine.

Mais les denrées que les Palmyriens débitaient

---

(1) Vopiscus, *in Aureliano*, cap. 45.